高等教育教学与传播专业人才培养

郭媛媛 ◎ 著

GAODENG JIAOYU JIAOXUE YU CHUANBO ZHUANYE RENCAI PEIYANG

首都经济贸易大学出版社
Capital University of Economics and Business Press
·北 京·

图书在版编目（CIP）数据

高等教育教学与传播专业人才培养／郭媛媛著. --北京：首都经济贸易大学出版社，2018.7

ISBN 978-7-5638-2751-0

Ⅰ. ①高… Ⅱ. ①郭… Ⅲ. ①高等教育—教学研究—文集 ②新闻学—传播学—人才培养—文集 Ⅳ. ①G642.0-53 ②G210-53

中国版本图书馆 CIP 数据核字（2018）第 000624 号

高等教育教学与传播专业人才培养

郭媛媛 著

责任编辑 洪 敏

封面设计 砚祥志远·激光照排 TEL：010-65976003

出版发行 首都经济贸易大学出版社

地　　址 北京市朝阳区红庙（邮编 100026）

电　　话 （010）65976483 65065761 65071505（传真）

网　　址 http：//www. sjmcb. com

E-mail publish@cueb. edu. cn

经　　销 全国新华书店

照　　排 北京砚祥志远激光照排技术有限公司

印　　刷 北京玺诚印务有限公司

开　　本 710 毫米×1000 毫米 1/16

字　　数 158 千字

印　　张 8.75

版　　次 2018 年 7 月第 1 版 2018 年 7 月第 1 次印刷

书　　号 ISBN 978-7-5638-2751-0/G·407

定　　价 36.00 元

作者简介

郭媛媛，教授，硕士生导师，南京大学文学博士，复旦大学新闻与传播博士后，曾任江苏省淮阴卫校生化、临检实验中心主任，法国阿尔斯通中国输配电部总裁助理，中国戏剧出版社总编助理，首都经济贸易大学人文学院传播系主任，现为首都经济贸易大学文化与传播学院副院长，教育部新闻与传播学科通讯评审专家，北京市丰台区九届政协委员、十届政协常务委员，丰台区政协九届、十届教卫文体专委会副主任等。

教学方面，主要从事“媒介策划”“文化产业发展动态与个案研究”“媒体运营实务”“文化管理学”等专业课程教学，“环境拟真、业务模真、项目实战，培育复合型、应用型传媒经管人才”获得2012年北京市高等教育教学成果二等奖。

科研方面，主要研究领域包括：文化产业、文化传播理论与实务，以及海外华文文学研究等，主持、参与2015年社科基金项目“4G时代媒体立体监管体系与模式研究”、2013年北京市社会科学哲学项目“世界城市建设进程中的北京媒介发展研究”，教育部“马克思主义大众化传播模式研究”“马克思主义大众化传播主体研究”“马克思主义大众化传播对象研究”，以及“人文北京目标、问题与措施研究”“北京文化影响力、辐射力研究——以文化传播为视角”等近20项省部委办局级项目，发表研究论文80多篇，出版《纪录、诠释、定位与主体身份——20世纪90年代中国电视纪录片研究》《媒介产业动态与个案研究》《在传播中构建社会与文化》《融合新闻学原理》等专（译）著6部。

Contents

目　录

人文教育教学篇

GAODENG JIAOYU JIAOXUE YU CHUANBO ZHUANYE RENCAI PEIYANG

在全球化教学情境中建构大学人文教育

摘要：全球化社会的到来，为教育活动设定了全新的人文环境。为培养符合时代需要的人才，大学人文教育须从外语教学的文化内涵、全球文化为教学信源和国际教育交往三方面，首先设置并建构具体的世界性文化教学情境。

关键词：大学；人文教育；外语；国际文化；教育交往

教育在特定的社会情境和文化环境中发生。我们这个时代的文化境遇，使大学教育中的人文精神内涵有不同于以往的面貌及态势。有学者基于自己对人文精神的深刻理解，将人放置在三重关系中定位、考察：人与自我、人与国家、人与世界①，从而将当下大学生的“精神成人”引导向了三个维度：人与自我——使生物学层面上的个体生命真正转化为文化学层面上的“主体角色”；人与国家——人将自己塑造成迥异于卑微子民的“现代国民”；人与世界——人如何置身于新世纪“全球化”格局，尝试用全人类而非狭隘族国的眼光，来关注我们这颗星球所发生的宏大事件和国际难题①。夏中义的理念性划分，切中了我们这个时代人文教育的肯綮：把当下每个人，尤其是成长中的大学生，其生命横切面所遭遇的三层环境、三类情境和三个重要的人文际遇，准确地勾勒、描摹了出来。同样，也从一种角度廓清了人文教育的层次与方面。我们当代的大学人文教育，需要在世界性与民族性的二元对立、统一中，谋取具体的分析、开展及进行。而在全球化时代的大学人文教育，则首先应从国际性的知识信息和教学情境的基础上开始。

伴随着人类急躁轻率的步伐而非自然界稳健的步履，事物很快发生变化，新情况急剧不断地产生②。美国生物学家所说的变化与新情况，指的是人类在长期

① 夏中义．大学人文读本·总序［M］．桂林：广西师范大学出版社，2006：2.

② ［美］雷切尔·卡森．寂静的春天［M］．桂林：广西师范大学出版社，2002：150.

“人化”自然的过程中，对于大自然无尽的开发以及对环境的破坏，比如不可能逆转的“用危险甚至致命的物质对空气、土地、河流和海洋的污染”等[①]。人类生产力水平迅速的发展、提高，同时带来了人类整个社会从来没有遇到过的危机。没有任何一种文明能创造出这种手段，能够不仅摧毁城市，而且毁灭整个地球[②]。与此同时，20 世纪迅速崛起的互联网技术，更是改变了既有的时间、空间概念，改变了社会结构与组织，改变了生活、生产与流通等方面与面貌，更改变了人类表达与交流的广度与深度，“信息网络通讯技术的发展，不仅打破了特定社会阶层对政治信息的垄断，而且打破了国界对信息扩散的限制”[③]。一方面，需要共同面对的问题出现，为了生存下去，人类在全球内实现合作；另一方面，新技术将世界削平，信息的即时、迅捷地流通、共享，使国际社会的“神经”共振在同一频率上，人们获得的知识与经验等，呈现出一定的共同性与共通性。

在具体的社会实践层面上，人类社会亦开始进入以经济为先导的全球化时期。马克思主义理论告诉我们，生产力、经济基础的发展，总是先于并快于生产关系、上层建筑的变动。而生产关系与上层建筑结构起的社会文化，也必然在生产力、经济基础变革以后，随之或迟或早地发生变化。正如马克思理论指出的那样，在科学技术的推动下，具体表现为“生产全球化”“投资全球化”“贸易全球化”“金融全球化”的世界大市场的形成，已经使得当今世界的政治、社会、文化面貌发生了很大的改变：一个“全球化”时代，“人类从各个地域、民族和国家之间彼此分隔的原始封闭状态走向全球性社会变迁的过程”[④]，正在我们的生存视域中实现，并成为我们的文化背景。

人类需要及时地对自己生存的境遇有所反应，在充分知悉的情形下，准备并最终具备应对的能力与方法。这是每个历史时期，人类的个体及群体，获得对“我是谁”“我从哪儿来”“我向哪里去”等永远的终极哲学问题答案的基础。面对既有的现实，对于当代的大学教育来说，要进行人文精神的灌输，培养时代和社会需要的，具有“全球性社会”的人文素质，并具备坚强主体性的人才。

---

① ［美］雷切尔·卡森．寂静的春天［M］．桂林：广西师范大学出版社，2002：150.

② ［美］托夫勒．第三次浪潮［M］．北京：三联书店，1983：175－176.

③ 徐国源，谷鹏．当代传媒生态学［M］．上海：上海三联书店，2006：110.

④ 杨鲜兰．经济全球化条件下人的发展问题研究［M］．北京：中国社会科学文献出版社，2006：79－82.

从基本的层面看，大学在全球化时代给予学生的高等教育，应是在清晰把握时代文化潮流的情形下，为学生建构起一个新的学习知识场。所谓场是人、事物与环境交互的空间，“环境只有被人感知、与人的需要发生联系时才具有意义”①。全球化的时代文化潮流，人在其中所需要的不同的知识积累及储备，使大学的人文教学，在基础的传授层面上，要有新的作为。

一、运用外语中介，架构通往国际文化的桥梁

对于具备获取、述说、建构三大文化功能的语言②，是人类文化中的一种现象，“是人类在进化过程中创造的”习得的“精神活动的产物”，且“在人的认识活动中形成和完善”。作为“人类特有的第二信号系统”③，语言凝聚着全部文化的精华，其丰富与准确程度常和人类文化的发展水平平行、对应，同时不断凝聚、反映着人类文化，在与世界同步前进和发展中，丰富、构建新的社会文化。于是，充分的全球化时代的外语教学，不能仅择取语言系统内部的符号、结构等本体元素，如语音、词、句法结构、语言的系属归属、语言的类型、语言的地区分布和文字等部分，更要关注语言的文化构成、文化反映、文化担当。因为语言与文化这种互在互为的关系，大学教育可以通过外语结构的知识环节，建构以语言为核心的文化场。外语教学可从三个方面着手：第一，通过对语言内部系统诸多元素的习得，学会听、说、读、写；第二，通过对语言表达的文化内容与外延的把握，进行有效的社会表达与交流；第三，通过对语言所附着的显性、隐性及处在不同场域产生的延展性的文化成分、变量与信息的深刻理会，掌握不同种语言所展现的文化分类、内涵与意义。从文化传播的角度上看，当外语作为信源、信素存在的时候，其本质仅是一种工具，并随着时代、社会的进步与发展，能从工具衍变、蕴化成为一种思想和知识积累，一种异文化的志趣、习惯的习得与养成，一种深厚而宽泛的文化感知与接受能力的养成、获取。从这个角度上说，外语教学能有效地帮助作为教育对象的学生，带着自觉的文化意识，为参与世界性的文化交流、传播做好最初的准备。

---

① 张宇丹，孙信茹．应用电视学——理念与技能［M］．昆明：云南大学出版社，2003：298.

② 赵爱国，姜雅明．应用语言学概论［M］．上海：上海外语教育出版社，2003.

③ 张公谨，丁石庆．文化语言学教程［M］．北京：教育科学出版社，2004－14－15.

二、提供全球人类文化信息，建构大学教育体系

“大学的教育功能不仅是教育培训、培养专门人才，更在于……让大学生的思维能够与人类文明所取得的共同成果保持同一方向的联系”①。要想让大学生的思维能够与人类文明所取得的共同成果保持同一方向的联系，具体的教育环节必须予以有意地培养。在基础层面上，教学中应有机纳入诸如世界历史、文化等方面的内容。既然已经不可能闭关锁国地隔绝于全球文化，与其被动地进入和参与国际交流、沟通，不如事先做好充分的准备，跟着时代的节拍，主动吸纳、掌握必备的知识，自觉融进国际社会文化中去。高校作为培养人的机构，其教育活动内容会一定程度地决定教育对象的心性与发展方向。从教育的字面上解释，教育即教学与培育过程紧密结合的复合体。教育是长期的教与学相长、教与育相连、学与育互成等环节与片段的链接过程，是一个需要动作与涵育互为互助的显形与隐性并在的氛围与环境。尤其是学校教育，与校外环境中的家庭教育、社会教育等，通过受者对环境、事件或行为、经验等直接的亲身接触而最终使其有不同体悟。它更是一种信息传播过程：系统的理论、知识；完善的教学架构；专门的教学环境、设备；专业的教授者；等等。在学校教育中，教学作为社会公开认可的一项独立工作，其行为与动作的发生、生成与结构、实现，一方面集中而典型地体现了教育本来的意思，另一方面则更多显现出信息在其中流转而最终获得增值的特性。传递什么样的信息，最后获得增值的就是什么信息。

而人个体文化心性的养成，正是在接受外在的知识、经验、信息的过程中，经积累、内蓄、涵化而成的。古人所谓读万卷书、行万里路，强调的是在知识的主动积累和经验的多方遇合中，使人的心灵得到丰富，使才智有所增长。这是符合人的认知逻辑的。人的意识，是在社会实践中产生并形成的。通过信息传递完成的大学教育，其所涵育出的文化心性，必然被掣肘于具体接收到的信息的结构与涵容：狭隘的、局限的、偏颇的甚至落后的知识、经验信息的提供，很难通过自然的教授过程，培养出有宽阔的胸襟、博大的情怀、先进理念的人。而当地球在信息的迅捷贯通中，已经“扁平”化、“共时”化的时候，教学内容既应以全

① 夏中义．大学人文读本·简介［M］．桂林：广西师范大学出版社，2006.

人类历时性的全部知识、经验为参照，同时，确立国际化的培养目标，追随时代的律动，为被教育者开设开放的、动态的、国际化的课程，以强化所传授的信息的影响力，内化为学生的自觉选择与行为取向。这样，通过在内容设置、教学结构与模式等方面的方向性努力，就能一方面将全世界的即时文化信息、动态及趋势，不断补充进教学体系；另一方面，在具象操作层面上，逐渐培养出大学生的国际竞争意识及能力。

三、通过国际教育交往，实现教育资源共享

教育是社会文化活动中的一种，因此，始终处在具体的世界联系网上，与当时社会的各个环节、方面、层面等发生各种各样的关系。全球化时代所建立的高等教育人文环境，既有自己独特的内容与形式：比如在开放的态势与结构中，面向全人类的文化积累与吸纳，另外，当时、当下所能够并且正在提供的相关教育资源，也为具体的教学活动，尤其在通过社会交往所体现的信息、能量互换层面上，可以带来不同于以往的形态与方式。

"随着经济全球化的不断推进，时间地域界限不断被打破，不同群体间的相互依赖和交往的深度和广度不断增强，人们即时地进行政治、经济、文化和日常生活的全方位交往，人也从封闭走向了开放"①。当代中国学者用自己清晰的阐述，告之：全球化的进程已经达到我们每个人，实现了马克思曾经深刻指出的"狭隘地域性的个人为世界历史性的、真正普遍的个人所代替"的社会存在状态②，使人的交往范围和状况，不再封闭、狭小而孤立，而是开放、广泛而普遍联系的。以经济为先导并主导的国际市场的整合、统一与形成中诞生的全球教育市场，直接而现实地为大学教育提供了许多新的交流与沟通的可能及方式。除了为接受高等教育的学生提供了走出国门，接受不同教育环境下的教学体系、不同知识体系的培育的可能与机会以外，对于改革、发展中的中国高等教育，也拥有了"走出去""请进来"的机遇，以在近距离的亲身交往、交流中体验并学习，实现与国际先进的教育理念、形态、方向、目的的对接。有学者指出："交往体现的是人与社会、群体与群体、人与人之间的社会关系，不同形式和层次的交

① 杨鲜兰．经济全球化条件下人的发展问题研究［M］．北京：中国社会科学文献出版社，2006：116.

② 马克思，恩格斯．马克思恩格斯选集：第1卷［M］．北京：人民出版社，1972：40.

往，人们就可获得不同的社会关系。而且不同的交往在人的发展过程中的作用是不同的。”① 如果我们同意上述观点，将大学教育放在全球化背景下认识，加强国际的教育合作，可以促进中国高等教育的发展与提升，并能够使得教育功能在与更广泛的社会文化交往中，发挥并实现被教育者获得更有效的文化心性养成和发展的作用。其中，开展与国际社会的高等教育合作办学，是基本的扩大教育范围、拓宽教育涵容、活化教育手段的方式；加强与国内外高校学术交流与合作研究，则是具体地提升教育水平、加快教育变革、更新教育理念的手段。这样，随潮流而动而舞，中国的高等教育就能够以一种更广、更深和更新的社会交往方式，充分地利用全球化时代所提供的教育市场内外的资源，培育出符合时代特征与发展趋势的教育形态与方式。

通过以上几个具象教学手段与环境的设定、建构，为全球化时代的大学人文教育，先行奠定了感性而具体的知识、信息、思维走向等的基础和平台。既然人及其思维是社会实践的产物，对目标对象——当代大学生——的培养，应在有目的的世界性教学情境中，透过基本的教学内容、形式、手段及环境，使其在大学中得到充分酝酿和培育。

① 杨鲜兰．经济全球化条件下人的发展问题研究［M］．北京：中国社会科学文献出版社，2006：117.

民族站位与高校人文教育

摘要： 文化由多种民族文化组成，全球化时代的高校人文教育，需要对民族站位有清醒认识，自觉维护民族身份与文化个性，理性认知民族主义。

关键词： 全球化；人文教育；民族站位；民族身份；民族主义

全球化是个过程。“今天的全球化，是以欧洲近代文明为原点，不断向全球辐射，逐步将世界纳入人类认同的基本价值和行为规则的体系中来的过程”①。这个过程落实到当下，全球化时代的现实，并非是世界大同社会的真正形成。虽然，全球经济活动的依赖与贯通更加普遍和经常，并且如同加拿大传播学者麦克卢汉所描述的“地球村”那样：“通过广播、电视和电脑，我们正在进入一个环球舞台，当今世界是一场正在演出的戏剧。……这是一个同步的‘瞬息传播’的世界。”② 在经济和技术环境及层面上表现出的全球化，却明显存在着全球政治、文化等方面的发展不在一个水平面上的情况，显现出其社会文化组成结构与部分的斑驳陆离、参差不齐的面貌。具体说来，是因为世界不同民族国家的经济、政治、文化、社会发展状况与其呈现形态、结构成了当下世界文化的实际情况。全球化时代，文化仍然由多种民族文化组成，人类社会依然由国家组成为国际社会。这样的现实，使所有当下的人，出现文化身份重新辨识的问题。如果说在之前社会里，人类因仅需要面对民族国家的单一环境而不需要对自己的文化身份进行辨识和认定的话，现在，每一个生存在全球化时代的个体，要在世界公民与国家公民的身份体认上，进行一定的思考、选择并定位。

为更好地进行分析，我们需要确认两个问题：什么是民族？民族与国家二者之间存在着什么关系？有学者论道，所谓民族，就“是在某一文明发展状态下，

---

① 夏中义．大学人文教程［M］．桂林：广西师范大学出版社，2003：239.

② ［加］埃里克·麦克卢汉．麦克卢汉精粹［M］．何道宽，译．南京：南京大学出版社，2001：400.

具有共同语言、共同地域、共同经济生活、共同文化与心理素质（如思维方式、行为方式与心理积淀）的人的共同体”。而民族与国家的关系，则是由“民族”在“国家的框架下才形成”的。从人类的文明史上看，“很难找到先于国家而存在的天然民族”[①]。夏中义关于“民族”“民族与国家关系”的阐述，为我们对人类在全球化时代的主体站位分析，建立了理论基础。事实上，全球化的浪潮，并没有改变和根本触及当今世界以民族国家为划分的形态与根基。作为与全球化中的世界性相对而在的另一端，民族性是使所谓“世界公民”身份模糊的重要缘由。一方面“在经济全球化条件下，世界形成了全球性分工、全球性交往”；另一方面“与此相伴随的是地区、民族和国家的冲突和战争”[②]。其中，对全球化持保留态度的学者看到了世界边界的消失及由市场连接为一体的世界出现，对地区和民族文化及传统、习俗、神话等决定每个国家或地区文化身份的东西是致命的打击[③]。从事实层面上看，现阶段，民族问题已日益显著，并成为当前所谓全球化时代矛盾、纷争甚至战争的根源。世界在向全球一体化行进的过程中，人类个体是民族的还是世界的疑惑，亦成为每个成长中的个体需要面对、体认并进行辨识的基本。如此情形下，大学教育就不能回避这样的问题：在世界性与民族性间，人的身份定位及站位是什么？为了大学生人格主体的成长、健全并坚实，大学教育必须要有正确的回答。

应该看到，相对于培养大学生的国际视野与眼光，使之成为合格的“世界公民”来说，因为民族文化元素先于人的身心，民族文化是现实中每个人的自然的生存环境，如同空气、水、土等一样，民族文化就在个体的呼吸、生长间，早已丝丝入扣地润进人的生命时空，而不用像培养人的世界心胸那样，需要从外到内，从实践到认知，从知能、技能到智能和心性，予以人为的渗透和涵育。由此，大学教育中对于全球化时代的民族及文化认同的教育与引导，更多地应由内及外，由精神到实践，由认识到外显，首先呈现为一种精神与认识的溯源、澄清与回归，因而着重在意识、观念等层面的辨析与认知上。

---

① 夏中义．大学人文教程［M］．桂林：广西师范大学出版社，2003：247.

② 杨鲜兰．经济全球化条件下人的发展问题研究［M］．北京：中国社会科学文献出版社，2006：3.

③ 夏中义．大学人文读本·人与世界［M］．桂林：广西师范大学出版社，2006：298.

一、清醒认知民族站位

人文精神在教育中的实现，在当代学者周国平看来，是对人的价值发现与培养。当被问及“人身上到底有哪些价值是最宝贵的，是人文精神所尊重的，因而是教育应该促进它们实现的”问题时，他的回答是：第一是生命、第二是头脑、第三是灵魂[①]。这种认识，基于他认为人文精神正是让人活得有价值的精神，而这种价值又分别体现在三个层面上：人最重要的首先是生命，“人是有理性能力的，有智力活动的”，“人是有精神需要、精神追求、精神生活的”。周国平对人文精神的认知及分层，道出了人全面发展的努力方面与方向。他的认识正体现为当今中国社会的学校教育贯以强调的“体”“智”“德”三方面[①]。其实，在以上关于全球化时代人的国际视野和世界公民的培养、教育的论述中，我们已经从对大学生的国际化人文教育的角度涉及这些层面。

与全球化时代的人走向世界的状态不同，人要想成为“世界公民”，因为小环境的逼仄与狭隘，不是每个人都能将自身很快地裸呈于国际文化的大环境中，于是，就需要大学教育为个体在全球化时代更全面的发展，通过从外到内，从实践到意识，从知能、技能到智能，从基础知识、专业知识到人文精神等方面，进行有意识的归化。虽然每个人一出生已经是人类社会中的一分子，但在文化的认知上，特别要在全球化时代成为一个特定的，能打破民族国家的拘囿、真正主动参与到国际事务中的世界公民，确实需要经过学习世界公民的人为行为及过程，以渐次实现。尤其我们所面对的实际状况是，在现实社会里，“世界公民”的身份，尚为一个意识、认知层面上的概念，而没有社会“物化”层面的具体体现。不像作为一个民族国家的公民，人不需要主观作为与努力，首先就拥有了——如中国以户口认定等的“物化”“固态物”——户籍身份。在当前以民族国家为分野的世界格局中，人一出生就自然成为出生地所在民族国家的国民，就像人无法选择父母、选择生命的基因来源一样，人也无法选择出生的民族国家，选择逃避一定的民族身份。

出生并成长在具体民族国家环境里的必然性，又同时带来了人个体为特定民族文化浸泡的必然性。于是，人除了自然拥有的民族身份以外，民族文化也成为

---

① 周国平．周国平人文讲演录［M］．上海：上海文艺出版社，2006：66.

个体精神与生命的源泉，既造就其生长环境，也成为其社会人文环境，冶炼、锻造了此个体的民族性。“人总是生活在一定民族文化传统中，民族文化传统是人的精神家园，它使人具有归属感、亲切感。人们总是通过特定的民族文化认同自己”①。用民族文化浸润并培育了自己的体力与智力，用民族文化涵育并结构着自己的精神与灵魂。民族的语言、民族的习俗、民族的规范、民族的视界……人与民族、人与民族文化，从物质到精神，从客观到主观，从实际到想象，都就此而不可能分开：文化即人类的原乡。在民族国家中生活，在民族文化涵养中长大，一个人如想否认自己的民族身份与文化个性，其实是“拔着自己的头发想离开地球”，客观上永远不能实现。在此角度上可以看出，民族及民族文化身份，是一个人的社会基因，需要并只能始终携带，即使已经到了全球化时代。

另外，在共同的民族生活中，个体建立起了各自最初也是最坚实的生活知识与记忆。这种知识及记忆积淀在其生命的深处，构成深层意识。这种深层意识奠定了个体生命的心理基础，并永远影响、主导着个体的一言一行、一举一动。这种记忆，还会长久地留于个体的生命历程，以后无论经历怎样的人生变迁与面貌更换，最初的记忆将会对后来的、新鲜的人生经历进行甄别、遴选甚至覆盖。

导致民族性与民族文化结构出的民族身份，是成长中的每个人在人类社会中获得辨识的基本。一个人不可能丢掉自己的民族身份，尝试丢掉的结果，就是其个体面目的模糊，就如一个黄种人想整容，呈现为白种人，不仅要付出身体的代价，而且根底上的不能改变以及白种人群的不认可，将导致其个体心理及社会认知的不确定。所谓“骨子里不可能改变”，这句简单的大白话，却道出了民族身份同样不能丢却的深层意蕴与缘由。当面对如下问题——是以民族身份，还是以世界公民的身份融入世界文化；是保留民族性，还是放弃民族性在全球化时代生存时，我们必须明确：人只能也必须以民族身份站立在全球化时代的地球上。民族站位是当下每个人必然、正确的选择。

二、自觉维护民族文化及个性

民族身份站位在现实层面上的表达，是体现在人的文化认同上的。不同的民

① 杨鲜兰．经济全球化条件下人的发展问题研究［M］．北京：中国社会科学文献出版社，2006：115.

族文化有不同的表征和面貌，不同的民族文化结构起五彩斑斓、色泽各异的文化版块，形成了人类文化的丰富与充盈。应用语言文化学告诉我们：形成文化差异的根本原因，是由“价值观、世界观以及民族性格等不同的文化体系所决定的”①。而这些各具特色的文化体系正是具体的人的生命背景与颜色，既定位了人的社会面貌，也区分了人的文化个性。

全球化时代并不意味着世界文化的单一性与同质性。根据生态学原理，“生物群落与其生存环境之间，以及生物群落内不同种群生物之间，不断进行着物质交换与能量流动，并处于互相作用和互相影响的动态平衡之中，由此构成的动态平衡系统也就是‘生态系统’”②。只有生物的多元化和生命的多样性才能使得生物界在一种平衡的维持中，富有生气地存在下去。正如地球上不会只剩下人这一个生物品种一样：在灭绝其他生物的同时，人也同样在削弱和减少自己在自然界生存、发展的可能性和长期性。人类文化只有以其多元结构与组成，长期地存在，并取长补短，相互支持、互补地绵延、叠加起人类的人文环境与社会景观。于是，各种民族文化都在以自己独有体系的优劣与短长，在“物质”——民族既存文化与“能量”——民族文化个性的交换、流动中，参与着人类文化的构建，成就着人类文化的洋洋大观，因此都有其不可或缺性。

多元文化存在的现实性、必然性、合理性与建设性，带来了民族个体存在的现实、必然、合理性，也提出了民族个体对民族文化的建设性。客观的存在决定主观的认识，在生命与现实两种客观里，个体的成长应该在对民族身份及民族文化的自然、主动的接纳与融入中，积极地维护本民族文化和其他个性特征。所谓“民族的才是世界的”（歌德语），在全球化时代，从现代意义上去认识、体会这句话，其实是说：当一个个体丢弃了民族身份就丢失了在世界中的位置的时候，只有强化了自己存在的文化背景和色泽，才同时加强了自己被辨识、被认知的可能，从而才能获得个体发展壮大的空间与机会。

而为了事实上个体的更好认知与发展，主动而积极地弘扬民族文化还有另一层意义。有理论家指出：“全球化的虚假景象并不能掩盖仍在延续的历史。”这种历史是人类已经长期存在的一种现象，“西方与东方之间存在着一种权力关系、

---

① 赵爱国，姜雅明．应用语言学概论［M］．上海：上海外语教育出版社，2003：200－201.

② 徐国源，谷鹏．当代传媒生态学［M］．上海：上海三联书店．2006：43.

支配关系、霸权关系"①。有学者犀利地指出："经济全球化是以发达资本主义国家为主导的，实质上是资本主义在全球的扩张"②。全球化的事实确实呈现为这种景象，"由于世界上绝大部分国家都抵挡不住发达国家——具体地说就是美国的文化产品的入侵，而发达地区则不可避免地受控于大型跨国公司，因而北美文化最终将强加于世界，成为整个世界的标准，而消灭多样文化之似锦繁花。在这种情况下，所有人——不仅是那些弱小国家的人——都将丧失其文化身份和灵魂，从而形成21世纪的殖民地……"③ 在西方文化霸权既存的情形下，"文化身份"和维护民族文化，"是全球化语境中第三世界必得面对的一个重要问题"，"它意味着一种文化只有通过自己文化身份的书写，才能确认自己真正的文化品格和文化精神，这种与他种文化相区别的身份认同，成为一个民族的集体无意识和精神向心力，也是拒斥文化霸权的前提条件，所以文化身份成为第三世界争取自身合法性以及在当今世界中占有一席之地的角色认同"④。学者语中肯綮的分析让我们认识到，在全球化语境中，对个体民族身份及对自己携带、体现的民族文化的认同与维护，是个体成长中必须实施的，也是在文化不平等的事实与压迫中民族个体的一种反抗与担当。

正因为这样情形的存在，当前的大学教育应该理性地看待民族性、民族身份、民族文化与个体成长的关系。在具体工作中，需要在正确解答关于民族性、民族身份、民族文化认同等问题后，再确立主体培养的方向。基于民族定位与站位的必然性与必须性，大学人文教育需在认识人类文化中，理解文化认同；在民族文化中，理解民族身份；在民族身份中，理解个体站位。要在不断加深学生对民族文化优秀传统的接受与认知的基础上，引导学生自觉承担起维护民族文化和民族个性的使命与责任，让他们认识到民族文化是自己的存在之本；国家与民族的强大与个人的成长和发展息息相关，从而从根底处树立起大学生的历史使命感与民族、国家的荣誉感。

---

① 孟繁华．众神狂欢——世纪之交的中国文化现象［M］．北京：中央编译出版社，2003：247－248.

② 杨鲜兰．经济全球化条件下人的发展问题研究［M］．北京：中国社会科学文献出版社，2006：3.

③ 夏中义．大学人文读本·人与世界［M］．桂林：广西师范大学出版社，2006：298.

④ 王岳川．中国境像——90年代文化研究［M］．北京：中央编译出版社，2001：191－192.

三、理性认知民族主义

对民族身份的认可与民族文化的认同，并不意味着保有强烈而不容置辩的民族情结，甚至于表现为民族主义。何谓“民族主义”？民族主义与民族认同并非一个概念。在《简明不列颠百科全书》中，民族主义被定义为“可以表明个人对民族国家怀有高度忠诚的心理状态”[①]。适当的民族文化认同与民族情结，其实是生存在当前人类社会历史发展阶段需要的人文情怀，也是对文化帝国主义的“文化符号”肆无忌惮地“从文化的高势位到低势位播撒”的有效抵抗[②]。但当民族认同演化并形成狂热的民族主义时，个中人将“失去了对每一个人的生命和自由的尊重，就可能变成对其他民族的排斥，对本民族个人自由的限制”。在人类历史上，已经多次重演这样的一种场景：民族主义如果“配以某一种族优秀的观念，最终定会走向野蛮的法西斯主义”[①]。第二次世界大战时，希特勒所进行的灭绝犹太人的血腥屠杀，正是在民族主义的助长下形成气候的。在人类社会中，民族主义的极端发展会导致人丧失作为人类的基本良知与道义，从而引发人类惨剧，让人间变成地狱。

民族主要以国家为容器而存在，而民族存在的方式也不一样。“历史上多种原因形成了地球上不同的国家。不同民族的人共处一个国家即多民族国家；一个民族的人散居在不同国家，即跨界民族”[①]。如果民族主义在一个民族中成为主导，甚至甚嚣尘上，这个民族就会与其他民族产生摩擦、争斗，甚至采取分裂国家、宣扬民族独立的过激行为。现在世界上存在的恐怖主义活动，时常可以看到民族主义的旗帜和身影。加以细分，“民族主义可以从两方面去理解它，一是文化心理，一是政治层面”[③]。在政治层面上的民族主义可以成为“建立和维护民族国家的凝聚力”；文化心理层面的民族主义，则“主要体现为非理性化的情绪、心态和感情”“因而主要是非理性的”[③]。再“从世界体系看民族主义，存在着两种类型：西方的扩张型的民族主义和第三世界国家的自卫型民族主义”[④]。

---

① 夏中义．大学人文教程［M］．桂林：广西师范大学出版社，2003：246，247，247.

② 王岳川．中国境像——90 年代文化研究［M］．北京：中央编译出版社，2001：202.

③ 杨鲜兰．经济全球化条件下人的发展问题研究［M］．北京：中国社会科学文献出版社，2006：182，183.

④ 杨鲜兰．经济全球化条件下人的发展问题研究［M］．北京：中国社会科学文献出版社，2006：183.

于是，客观地认知民族主义，是大学教育进行民族文化教育时需要辨析、关注的一个环节。比如，西方国家借助其经济、军事的强大力量，诉诸武力以征服其他国家与民族；第三世界国家的“以暴抗暴”，以军事行动争取国家的独立与发展。不管是哪种类型的民族主义，在当今世界中，以民族主义为号召所引发的政治、军事冲突，已客观地成为妨碍世界和平、进步、发展的破坏性力量。于是，也阻遏了个人在世界中的安全生存与发展：民族身份与民族文化曾经是个体的庇护、灵魂的港湾，但过度成为民族主义时，却可能成为一种对自由与生命的剥夺与戕害利器。在全球化时代，民族主义还可能妨害人类文明的前进与提升，更直接地，表现为对人类社会全球化发展进程的阻滞。于是，在大学中开展民族文化教育，需要先廓清概念，分清利害，以帮助学生建立起对民族主义的正确认识，不能因对民族传统文化的褒扬，而促成其民族主义情结的深植。

有一位韩国学者这样认为：“人类有一直面临的问题，需要用新的思维予以考虑，那就是人类社会所有问题，其原则、其基准，不能局限在个人或国家的层面上，而应从全人类的高品位上去把握。我们一直是作为国民一起生活过来的，而作为真正意义上的全人类，这种高层次的人我们尚无自省。以往，人们把征服世界当作胜利，各国都把经济侵略当作正当的、既成的事实。人类假如重复以往的历史逻辑，重复历史上建设与破坏往复的覆辙是不可避免的。长此下去，人类社会的丧钟就会敲响，这不会是耸人听闻之语。”① 全球化时代带来了经济、文化、政治等领域的合作，不同民族国家的人们，开始有了更多共同的文化视野与人文经验，于是也客观地创造了共同的文化关注内容与形式，扩大了人类的交往范围，打击了极端民族主义滋生的根基，减弱了民族主义、极端民族主义的能量。但是，同时也要认识到，“在经济全球化进程开始以前，在地球上的各个领域、民族和国家彼此之间相互封闭、相互隔离的状态下，各个民族和国家之间价值观的差异早已存在，这种差异基本上还不构成什么大的影响。但随着经济全球化的不断推进，价值观的差异日渐成为各个民族和国家之间的普遍交往、特别是资本主义世界性发展的巨大障碍”②。一面是全球化国际交流的生存场域，一

① 杨鲜兰．经济全球化条件下人的发展问题研究［M］．中国社会科学文献出版社，2006：402.

② 杨鲜兰．经济全球化条件下人的发展问题研究［M］．北京：中国社会科学文献出版社，2006：187－188.

面是民族差异的凸显时刻，如果个体不能站在全人类的角度上，没有真正博爱的胸襟，就不能在热爱民族文化的同时，还怀有对全人类的热爱，怀有对人的生命与自由的崇敬；就不能在任何时候都秉持理性、客观的态度，去对待民族身份、民族站位，去克服狭隘的民族主义心理。

高校人文教育与世界公民的培养

摘要： 全球化时代的高校人文教育，需要建立国际化的教育交往环境，教育学生理解并尊重国际规则，以培养出符合时代要求的合格“世界公民”。

关键词： 全球化；人文教育；国际交往；国际规则；世界公民

在全球化的时代，“实际上，每一个人，不仅是一个国家的公民，而且也是地球村的公民，是世界公民”①。鉴于个人在这个时代中的特殊“身份”，大学教育便同时肩负着让受教育者成为合格的“世界公民”的职责。专门从事教育活动的高等学府，应该根据人在全球化时代的发展规律，对人的身心施加影响，以促进其相应素质和能力的提高。除在基础知识、专业技能等方面对学生进行针对性的培养以外，建构国际文化的交流环境，引导学生正确习得并理解国际规则，自觉面对并担负全人类的生存与发展使命，是全球化时代大学人文教育不可或缺的重要组成部分，亦是当代教育工作者义不容辞的责任。

一、建立国际化的教育交往环境

教育是社会文化活动中的一种，因此，也始终处于具体的世界联系之网上，与当时社会的各个环节、方面、层面等发生各种各样的关系与联系。全球化时代所建立的高等教育人文环境，既有自己独特的内容与形式：比如，在开放的态势与结构中，面向全人类的文化积累与吸纳；另外，当时、当下所能够并且正在提供的相关教育资源，也为具体的教学活动，尤其在社会交往所体现出的信息、能量互换层面上，可以带来不同于以往的形态与方式。大学教育呈现的国际化，是全球化时代高等教育活动的一种状态与趋势。“高等教育的国际化意味着高等学校将更加开放，不同国家、地区，不同社会制度的文化、思想、观点和信息将大

① 夏中义．大学人文教程［M］．桂林：广西师范大学出版社，2003：239.

量增加”。其中，“邀请高水平的境外专家和学者来学校讲学或从事合作研究，师资队伍的多元化，外籍教师的比例也是一流大学面向世界的国际化程度的重要标志之一”①。国际化的、开放的、互动的高等教育，事实上建立了大学教育崭新的交往与发展空间，亦成为当下大学人文教育的一种现实情境。

面对国际化的人文交往环境与行为，曾有学者清晰地阐述道：“随着经济全球化的不断推进，时间地域界限不断被打破，不同群体间的相互依赖和交往的深度和广度不断增强，人们即时地进行政治、经济、文化和日常生活的全方位交往，人也从封闭走向了开放”②。全球化的进程已经到达并影响到我们每个人，实现了马克思深刻指出的“狭隘地域性的个人为世界历史性的、真正普遍的个人所代替”的社会生存状态③。这样，人的交往范围和状况不再封闭、狭小并孤立，而呈现为开放、广泛且普遍联系。在以经济为先导并主导的国际市场的整合、统一与形成中，全球教育市场亦已诞生并存在，这就直接而现实地为大学教育提供了新的交流与沟通的可能和方式。除了为接受高等教育的学生提供更多的走出国门，接受不同教育环境下的不同教学体系、知识体系的培育的可能与机会以外，对于改革、发展中的中国高等教育，也拥有了“走出去”“请进来”的机遇。中国高等教育在近距离的交往、交流与合作中亲身体验并学习，实现着与国际先进教育理念、形态、方向、目的的对接、交融。“交往体现的是人与社会、群体与群体、人与人之间的社会关系，不同形式和层次的交往，人们就可获得不同的社会关系。而且不同的交往在人的发展过程中的作用是不同的”②。如果我们同意上述观点，将大学教育放在全球化背景下认识，加强国际的教育来往与合作是可以促进中国高等教育的发展与提升，并能够使得教育在更广泛的社会文化交往中养成被教育者有效的文化心性，使之适应于全球化时代的生存及发展要求。其中，开展与国际社会的高等教育合作办学，是基本的扩大教育范围、拓宽教育涵容、活化教育手段的方式；加强与国内外高校学术交流与合作研究，则是具体地提升教育水平、加快教育变革、更新教育理念的捷径。这样就在日益加快的中国高等教育国际化进程中，在跨国界、跨民族、跨文化的教育交流与合作日

---

① 吕福军．和而不同：中国高等教育国际化的必然选择［J］．教育与现代化，2005（2）.

② 杨鲜兰．经济全球化条件下人的发展问题研究［M］．北京：中国社会科学文献出版社，2006：116，117.

③ 马克思，恩格斯．马克思恩格斯选集：第1卷［M］．北京：人民出版社，1972：40.

益频繁、广泛、深入的时候，随潮流而动、而舞，中国高等教育能够以一种更广、更深和更新的社会交往方式，充分地利用全球化时代所提供的教育市场内外资源，结构起大学教育动态的文化背景，成为符合时代特征与发展趋势的中国高等教育的形态与方式。以开放式的形态，结构为全球化时代的国际教育体系上一个环节、一个部分，建构起中国大学教育的国际化情境，从而让大学生能够获得完备的国际文化视野、心态与心性，将其培养成符合全球化时代的合格人才。

二、理解并遵从国际规则

在社会生存与实践层面上，全球化时代的个人操作及行为也有具体的规定与适应。“在目前正在突破民族、国家的藩篱，跨入‘世界历史’的时代的关头，在世界经济政治一体化，文化交流与文化冲突空前广泛剧烈的背景下，在人类文明空前强盛也空前危机的情况下（而且这些危机多由人文领域中的问题造成），人类精神走向应有重大变化，更明确地趋向体现全人类利益、共同价值观及对人类命运终极关怀的‘全人类精神’，越来越多的关于经济、政治、文化、社会等的世界公约、国际宣言便是其表征”①。不同的社会形态有不同的社会秩序，不同的社会有不同的实践及交往现实和规律，因此，不同历史时期的社会中人，也有着不同需要遵守的行为规范与规则，全球化时代也不例外。

在政治学者那里，世界政治学中的世界体系被指称为两层含义：一种为国际体系——国家间的关系体系；一种为全球体系——多层次的多元体系。进一步的，根据西方学者的有关论述，他们认为“国际体系”主要包括三个方面：第一，要有多种多样的实体；第二，具有“有规则的互动”的特征；第三，要有某种调整行为的“控制的形式”。所谓“控制的形式”，既指“这个体系的非正规规则”，亦指“正式的规章制度”②。体现在社会层面上，不管是“正式的规章制度”，还是“非正规规则”，其实都是“人类实践活动的产物，在实践活动中产生，但同时又是一定实践活动得以开展的重要条件”③。全球化时代的人类社会有其一定的运行秩序，也同时拥有需要人们遵照执行的相关规则。致力于人的

① 杨岚，陈晏清．社会哲学视野中的中国当代人文精神构建［OL］．华东论文网．2005－04－07.

② 夏中义．大学人文读本·人与世界［M］．桂林：广西师范大学出版社，2002：238.

③ 杨鲜兰．经济全球化条件下人的发展问题研究［M］．北京：中国社会科学文献出版社，2006：381.

生物性与社会性、体能与智能、外在与内在等方面的协调、健全工作的大学人文教育，必须正视全球化时代的这一现实，将全球化时代——实际体现为国际性——的有关规则，纳入教育的范畴与视野，并在引导学生对国际规则进行正确认知的基础上，使其能自觉按照国际相关规则行事，以合理建构全球化时代健全的人“主体”。

当前，在新的社会、文化情势下，存在着多主体、多内容、多层次、多方向的国际规则，以下三个方面是当下人类需要正确认识并遵照的重要规则。

（一）经济领域的规则

全球化时代的到来，是由经济全球化为先导的。在人类社会政治、文化等其他方面的全球化相对滞后、有待发展的时候，全球性市场的形成，全球经济活动日益加深的相互依赖与合作，使得建立经济领域的规则变得迫切而首要。在国际经济规则中，当前最有影响力、参与国家最多的是“世界贸易组织”，它为当下世界性的经济活动建立了一定的规则。在扩大国际贸易、解决国际贸易争端、促进全球经济发展等方面，起着重要的平衡与促进作用。但是，我们需要引起注意的是，首先，由发达国家发起而建立的世界贸易组织，实际上带有富国的价值理念与经济模式，于是也更偏向于富国的利益。正如有学者一针见血地指出的那样，“国际经济规则的制定，从来都是以经济、外交乃至军事实力说话，而不是怜悯和眼泪”①，所以，不能一味地顺从甚至听命，我们的大学教育需要一分为二地理性认识世界贸易组织的作用及规则。

（二）政治领域的规则

在人类历史的现阶段，民族国家是国际社会实际的单元与组成部分。每个国家有每个国家的历史、现实，每个国家有每个国家的利益、需求。为了整个人类社会的和平生存与发展，需要有法律这种强制执行的规则，去规范各个国家或者群体的行为。有关的国际法正是用来调整、约束不同国家之间的关系的原则与规则、规章与制度。而在其中，国际法是以协议的方法建立的，同时，“国际上不存在有组织的超越国家之上的强制机关来强制实施国际法”②。现阶段国际法的

---

① 夏中义．大学人文读本·人与世界［M］．桂林：广西师范大学出版社，2002：307.

② 杨鲜兰．经济全球化条件下人的发展问题研究［M］．北京：中国社会科学文献出版社，2006：384.

实施，仍然需要通过具体的国家主体才能实现，于是，使得当下社会有关国际法的强制力度与广度大打折扣。

在当前全球政治领域中起到重要作用的国际社会组织是1948年成立的联合国。联合国立足于普世的人权理念，已经通过《联合国宪章》《世界人权宣言》等，建立了一整套保障国际人权的国际法体系。其中，我们应该认识到，“人权不仅是个人的权利，也是集体和国家的权利”“人权不仅指公民的政治权利，也包括了经济、社会和文化方面的权利”①。联合国在国际人权保护，协调不同利益集团、国家的政治、经济、文化活动，制止武力侵略，维护世界和平等方面，有着重大的贡献。但与此同时，联合国以“人权”为基点所建立的国际规则，我们还需予以客观的分析。各个民族国家的历史与现实，造就了对于“人权”的不同理解。有时，强势国家借“人权”为其巧取豪夺的借口，不惜动用武力直接插手干涉别国内政，这是联合国作为一个影响最大的国际性组织需要注意并重视的。为了更好地促进世界和平，联合国需要摆脱大国的掣肘，在理性、客观、公平、正义及宽容、理解的基础上，建立、维护和平的世界秩序。只有这样，联合国的有关规则才能发挥作用与影响力，才能继续担纲管理国际事务的职责。

（三）环境问题的规则

除了国际社会需要维护并更新、修改国际社会原有的政治、经济、文化等领域的规则外，在全球化时代，面对人类社会出现的新问题，新的国际规则还需要及时予以创立。

处在这个时代的人都不约而同地意识到，“伴随着人类急躁轻率的步伐而非自然界稳健的步履，事物很快发生变化，新情况急剧不断地产生”②。美国生物学家所说的所谓“变化”与“新情况”，出现在人类长期“人化”自然的过程中。随着人类生产力水平迅速的发展，人类对大自然无尽的开发以及对环境的大肆破坏，产生了诸如不能逆转的“用危险甚至致命的物质对空气、土地、河流和海洋的污染”等情况②，带来了提供人类资源生产、废弃物吸收和维持生命的服务的自然资本的急剧减少③，以至于出现自然资源正在逐渐缺位的危险。整个人

① 杨鲜兰．经济全球化条件下人的发展问题研究［M］．北京：中国社会科学文献出版社，2006：385.

② 夏忠义．大学人文读本·人与世界［M］．桂林：广西师范大学出版社，2002：150，149.

③ 徐国源，谷鹏．当代传媒生态学［M］．上海：上海三联书店，2006：5.

类社会开始面对一个从来没有遇到过的全球性的危机。这正像美国未来学家托夫勒深刻指出的那样："没有任何一种文明，能创造出这种手段，能够不仅摧毁城市，而且毁灭整个地球"①，从前人类将人与自然的关系对立起来的结果，就这样带来了全人类生存和发展的困境。而这样的困境，迫使现存于这个世界上的每个国家，甚至每个人，都必须面对，并且必须以合作的态度，共同担当。

正是由于迫在眉睫、威胁到全体人类的生存、发展的环境问题，使更多的国际组织与机构，越过民族国家的藩篱，参与到生态环境保护的相关合作中。第17届联大通过的《自然资源之永久主权决议》《人类环境宣言》《里约宣言》《气候变化框架条约》等，是关于环境保护的国际性条约。其中涉及处理环保事务时，对环境主权国家的义务与权利都进行了相应的规定与约束。环境问题是全人类的问题，我们需要了解这些通行的规则，以应对和处理人类的共同事务。

除了以上三方面的国际规则以外，还有国际社会关于军事、文化等方面的条约或法则，最新出现的则是在国际事务中关于信息社会的规则②。20世纪迅速崛起的互联网技术，已经改变人类既有的时间、空间概念，改变社会结构与组成，改变生活、生产与流通等方面，更改变了人类表达与交流的广度与深度，"信息网络通讯技术的发展，不仅打破了特定社会阶层对政治信息的垄断，而且打破了国界对信息扩散的限制"③。新技术将国界概念模糊，将世界"削平"，在信息即时、迅捷的流通、共享中，人们获得的知识与经验等呈现出一定的共同性与共通性，由此也使国际社会的神经与脉搏可能共振在同一频率上。同时，信息社会亦有着许多人类从来没有遇到过的新的问题和新的困难，对信息社会涉及的多个方面，如技术、经营、操作等的管理与控制，成为全球性的共同事务。国际社会也应该就此制定相关法律，以实现不同国家之间的平等、互利的协作与合作。

总之，在我们当前的大学教育中，应帮助学生拥有客观而辩证的眼光，去认识和看待当前有关国际规则，使其未来在走向社会时既有所警醒，也能形成相关行为的自我约束与认知，并在社会实践中，自觉按照有关国际规则行事，谋求自我的更好发展。

---

① ［美］托夫勒．第三次浪潮［M］上海：三联书店，1983：175－176.

② 杨鲜兰．经济全球化条件下人的发展问题研究［M］．北京：中国社会科学文献出版社，2006：380－387.

③ 徐国源，谷鹏．当代传媒生态学［M］．上海：上海三联书店，2006：110.

三、培养合格的世界公民

在开放的国际交往环境中，在对国际有关规则的把握中，全球化时代的大学教育还要明确自己的使命和目标，以在具体的教学活动中始终予以贯彻、执行。我们必须清醒地认识到，与为国家培养合格人才的目标有所区别，在全球化时代的大学高等教育，必须在兼顾国家利益的同时，将培养合格的世界公民列入自己的意识日程。

从上边有关大学教育的培养内容与目的的相关论述中，我们要知道：上述既为教育行为，应该加以施行、操作，同时也是培养与定位“世界公民”的有关方略。从现实出发，这里的“世界公民”应该是这样一种主体形象：

（1）具有一定世界性的文化知识积累：能将人类的知识与经验纳入知能的视野。可以外语为工具、为情境，从“物质”的层面上，先行奠定走向世界、成为世界人的第一步。

（2）具有国际性分工市场中所需要的专业知识与技能：能够掌握在全球化时代的国际劳作（工作）分工中的专业知识及技能，可以亲身参与国际化的工作实践，在首先生存的层面上，建立与全球化时代客观世界的互动关系与连接。

（3）具有参与国际交往，面对甚至处理国际性事务的能力：能够借力于全球化时代的人际交往环境与资源，发展自己的潜能，提升自己的实力，在具体的参与中，获得面对与处理国际性事务的经验、机遇，成为具有国际化视野的综合人才。

（4）具有对世界规则准确的识知与操作能力：在相关规则明晰与理性的辨析中，能够了解自己在全球化时代的责任与义务。既有所规避，又有所担当；既保持在全球化时代按照规则积极行事，又能以清醒的鉴别及判断，推动规则的理性与完善，以找准“世界公民”的主体站位。

（5）具有协调自己与时代、与环境、与世界关系的能力：建立在以上能力与感知基础上的个体，同样将具备相应的世界意识。只有充分的占有，才有充分的“生产”。具有“世界公民”的意识，源自个体及人类在世界层面和国际环境中的具体实践与人文积累，也因此使“世界公民”的人文心性和坚强主体得到最后的确立。

此外，需要重点阐述的是，全球化时代的“世界公民”，更要明晰自己与自然的关系——这是时代为人的成长与站立，提出并设定的一个最新命题。

伴随着人类文明的飞速发展，地球自然资源几近枯竭，在发展中人类亲手制造了毁灭自身的严重的环境污染。面对大自然的“报复”，人类开始遭遇到威胁全人类生存与发展的困境。自己制造的苦果，需要现在的人类共同品尝。而当这种情形出现在世界，并以民族国家为分野，还存在民族争端、贫富不均、意识形态不同、根本利益差异巨大等问题与困境的时候，所谓的“世界公民”身份其实名不副实，无法让其保持身心一致地担当人类共同命运的使命与责任。然而生产力的先行进步，生态环境危机的大军压境，恰恰从两个相反的极端，将发展极不均衡的人类全球化图景摆在时代面前。大学既然是为人类社会培养人才的社会机构，应该在“批量生产”社会所需人才以外，在时代的潮流甚至潮头撒播进步与文明的火种，为未来社会的进步提供思想的火苗和精神的旗帜。以上关于相关知识与技能教育的层面，在大学人文教育中，是文化教育，是人文的初始和表层。真正的人文精神，确实如理论家所说：“人文是审思人生，对生命进行终级意义的扣寻，对人类的生存状态和命运进行全方位的深层观照。”① 而在全球化时代的“人与世界”的层面上，高等教育中人文精神的体现，是将人类最严峻的现实和最尴尬的处境一起摆在受教育者的面前，教会学生以宽大的胸怀、深刻的理解、无私的奉献、勇敢的担当，将全人类的生存困境当作个体的责任，使其自觉加入到拯救人类环境及命运的过程和运动中去，从而真正实现一个“世界公民”的人文价值，实现个人主体在全球化时代世界层面上的坚定成长。

在全球化时代，信息社会、知识经济的概念，使大学教育的内容已然发生变化。为了让学生“在信息社会里更有效地工作、学习和生活”，大学教育必须像在上文中所强调的那样，在具体的工作中体现并注重学生的知能、技能、国际交往的能力。这正体现着21世纪的四项教育内容——4L：学会认知（Learning to know）、学会做事（Learning to do）、学会合作（Learning to live together）、学会生存（Learning to be）②。而生态文明等概念，使得当下人在对自然和社会更加符合本质的认知里，领会到人类目前的生存状态与命运底蕴。虽然，在不同的文化形态中，对人文精神有着不同的理解：“在以处理人与自然关系为重心的西方文

---

① 夏中义．大学人文读本·人与世界［M］．桂林：广西师范大学出版社，2002.

② 吴疆．现代教育技术教程（Ⅱ级）［M］．北京：人民邮电出版社，2006：2.

化体系中，人文精神更多地体现为人对自然由敬畏到认知、征服、守护的态度变迁及人自身原罪意识向主人意识、主体意识的生成，有突出的外向开拓、建设性品格；在以处理人与社会关系为重心的中国文化体系中，人文精神更多地表现为追求人与自然、人与社会的和谐及理想人格的实现，有明显的现世现实精神。”① 但是，不管在怎样的文化体系中认知，笔者认为，人文精神的根底是自由心性的最终养成。而自由心性在人与世界的关系里，并非一种轻飘，应以沉重和踏实的担当呈现。所以，谈到人文精神，诸多理论学家就谈到了社会、国家、民族等责任。如世界著名教育家维柯论及人文教育时说：“德性就像那能动的永恒之火，它的全部使命就在于点燃生命的各种责任，其中最重要的就是为祖国的福祉而服务，为国家的利益做贡献。”② 而具有人文精神的自由，在行为层面上常以自觉与主动示人。这种自觉体现在社会实践里，是一种从容的主体把握。假若举例说明，例如，信息社会中万物更始，一切的规则需要探索、建立。对于具有人文精神的人来说，却不会放纵了自己，而是在内心业已拥有的内在尺度的把控下，举器物为用，而非以技术放纵。所谓有坚强主体的人，是在应变、应对中的顺从，却在行为上有大义的担当，在心灵上有迤逦的风光。

全球化时代的大学人文教育，当把如此具有丰富的层次、由外及里的“世界公民”培养得成，才算完成了自己的使命，实现了人文精神在高等教育中的真正浸润与贯穿。何况中国社会传统的人文精神中，早已将人类与自然、社会等方面的和谐视为理想与追求，中国人面对着人类的生态文明灾难，似乎正在迎来人文理想得以实现与尝试的机遇！

① 吕福军．和而不同：中国高等教育国际化的必然选择［J］．教育与现代化，2005（2）．

② ［意大利］维柯．维柯论人文教育［M］．张小勇，译．桂林：广西师范大学出版社，2005：79.

外语教育教学篇

GAODENG JIAOYU JIAOXUE YU CHUANBO
ZHUANYE RENCAI PEIYANG

自在场中的英语文化构成

摘要：将英语放回其文化自在场——英语民族的母语社会场中进行考察，会发现英语语言真实的原在状况：语用实际——也就是言语存在形态下的英语是动态的，并且在自我系统相对稳定的情形下不断成长。在语构、认知、语用文化的架构中，英语动态地呈现出交际工具、思维工具和信息工具的本质特征，不断进行着新时空下的文化吐纳与丰富，是以一种粗放系统的开放性和生长性，结构出三个复杂层面上的丰富与发展：凝练、丰厚载蓄过往文化；灵动、稳定运用于当下社会；吸纳、容涵新发文化，从而呈现出英语语言在社会文化自在场中的有机存在与生长。

关键词：文化自在场；历史；现实；新文化

关于语言，从前多致力于语言符号系统单一的剖析与研究。但从 20 世纪 60 年代以后，中国社会兴起了跨文化交际学、文化语言学和语言国情学。三种新兴交叉学科结合了原来语言学、文化学的学科理论，使语言在文化的视野中得到审视。跨文化交际学注重语言的交际功能研究；文化语言学侧重民族文化、习惯与心理研究；语言国情学注重语言背景研究。这些学科及其理论的出现，让人们注意到语言在人类社会中的文化位置及功用，从而拓展了认识语言的深度、广度。以上述三种学科理论为基础建构起来的，以语言教学为研究对象的应用语言文化学，则结合“作为民族文化载体的语言及其言语行为和外语教学的实际”，进一步将文化分成：思维文化、行为文化、习俗文化、观念文化、地域文化、宗教文化和体态文化①。由此，我们在进行第二语言教学时，不能不对语言的文化涵容与文化表现进行更加清晰地梳理和认识，以纠正外语教学中只见语言符号体系，不见语言文化蕴涵的偏颇。

---

① 赵爱国，姜雅明．应用语言学概论［M］．上海：上海外语教育出版社，2003：200－201.

在此同时，建立在学者们对语言及语言文化的定义、分类的基础上，我们还要进一步意识到：语言是文化的载蓄体和人类社会的交际工具。在社会自在场——作为英语民族的母语文化场，英语是英语社会中的个体之间，携带特定的人文习俗、社会心理、宗教思想和价值观念，进行表达与交流活动的工具。从语言的认知功能看，“语言是任意性的符号交际系统，是包含于交际中的认知”①。于是，语言就在动态的固定与使用里，伴随人类历史与社会的演进，伴随人类认知范围与深度的不断加强与渗透，从最初有限的文化承载，从“具有单一交际功能的受具体情境声音信号发展为具有层次话语结构的语言”，发展成“一定的编码系统”，而且衍生出“纯粹的概念性的、非语境化了的意义”②。语言就是在递进的过程中，形成了语言文化——表层为语言的结构和语义；中层为修辞、语用和语体；深层则为观念、心态、认知、习俗和宗教，同时还形成了自己的文化结构——语构文化、认知文化和语用文化等②。为了教学语言的研究需要而建构的认知语言学，正是在领会语言是文化的承载和显现的基础上，注意到语言外部的根源、环境与区别；注意到语言内部的组成、涵括与功能，注意到语言在文化交际中的功用。这样的界定，帮助我们在从事具体的外语教学工作时，需要从更丰厚的文化积累处去体认语言。在语言的功用上，认知语言学认为，“语言是精神上的‘中间世界’，是客观实际和人的内部世界之间的一种媒介”；如果“没有语言，人就不能组成社会，不能协调活动，不能进行生产劳动，没有语言，人也不能思维，不能巩固、传授经验和知识”；“语言是随着人类社会的产生而产生，随着社会的发展而发展”的③。这样的言说与阐述，总结并指出了语言在人类社会中存在的状况与重要意义。当语言随着人类社会的出现和发展而出现、发展的同时，也成为人类社会的组成、构建力量，成为将人类的精神世界与现实客观世界联结起来的媒介。从这样的角度理解，语言正是人类社会文化不可或缺的一个系统，必然会伴随人类社会的存在而在、而进、而长、而动。

将英语放回所在社会母文化自在场域中考察，我们会发现英语语言真实的原在状况：语用实际——也就是言语存在形态下的英语是动态的，并且还在自我系

---

① 卢植．认知与语言——认知语言学引论［M］．上海：上海外语教育出版社，2006：65.

② 张公谨，丁石庆．文化语言学教程［M］．北京：教育科学出版社．2004：116，180.

③ 赵爱国，姜雅明．应用语言学概论［M］．上海：上海外语教育出版社，2003：215－218.

统相对稳定的情形下不断成长。在语构、认知、语用文化的架构中，英语动态地呈现其交际工具、思维工具和信息工具的本质特征[①]，不断进行着新时空下的文化吐纳与丰富，它不是静态的、封闭的、稳定的，而是以一种粗放系统的开放性和生长性，结构出以下三个复杂层面上的丰富与发展：凝练、丰厚载蓄过往文化；灵动、稳定运用于当下社会；吸纳、容涵新发文化，从而呈现出自在场中英语语言的有机存在与生长。

一、对过往历史与文化丰富而凝练的承载

从有关的历史中我们知道，英语的前身——盎格鲁—撒克逊语（Anglo - Saxon），也就是古英语，是在特定的地理和历史环境中，经过多个民族的迁移、征服的系列过程形成的。而在漫长的语言成长过程中，伴随着使用这一语言的族群在自身所处社会环境、文化环境的不断变迁，英语以最凝练的形式，物化、呈现和蓄养了其特有文化的元素、成分甚至图景。细究之，英语语言中体现和固化的过往英语文化的表达和交流，与世界上运用他种语言符号连接客观与主观世界的表达与交流，如汉语相比，有同亦有不同。

（一）体现人类共同的文化认知

正如有的学者注意到的那样，“不同民族的文化有可能存在某些相同或相似的地方”。这种所谓的“文化偶合现象”，是“由于不同的民族在与大自然做斗争的过程中，会有相同或相似的生活体验和经历”产生的。经验的相似性反映到语言中来，我们会看到一些相同或相似的表达：“披着羊皮的狼”与 wolf in sheep's clothing；“同舟共济”与 in the same boat；“三思而后行”与 think twice before you act，等等[①]。这样的“文化偶合现象”，体现出人类从动物界脱离逐渐成长为高级灵长动物，进而在“人化”自然界、组建人类社会过程中可能的相同面对和相似体验。这为理解和研究人类文化的共通点、共通面、共通处，提供了原始、现实而鲜活的文化资料。

（二）体现不同民族的社会应对

语言不仅仅是一套符号系统，人们的言语表现形式更要受语言赖以存在的社

---

① 蒋和舟．从英汉文化差异看英语教学中的文化互动［J］．怀化学院学报，2006（7）：180 - 181.

会/社团（community）的习俗，生活方式、行为方式、价值观念、思维方式、宗教信仰、民族心理和性格等的制约和影响[①]。巴比塔故事的出现与解释，是人类对不同语言的存在实际与状态的一种不失天真的解释。但这个故事同时也告知着人们不同语言的共在，其实区分了地球上的空间、地域文化。不同是绝对的，相同与相似是相对的。而造成这种区分的真正根结处，却不是上帝的旨意才造就了巴比塔，以增加不同民族之间表达与交流的难度，而是因为不同民族所面对更多的是不同的地理、历史与文化环境。于是在不同语言中大量存在的文化印记是，对自然、社会、历史各有特点和偏好的不同记录，对因宗教、文化信仰的不同导致民族文化心态表现的不同，对因独特的历史与经验而产生不同民族的典故、传说与故事的叙述，等等。运用不同语言的人类族群以他们在社会化过程中独特的体验与应对，形成了自己与人类文化大环境中的更多文化的不同，由此也形成了语言文化特征与理解上更多的不同。比如，“龙”是汉语民族的图腾，其中昂扬着的是中华民族的意志、奋进与自豪，但在西方人的眼中，龙却只是一种可怕的怪物。即使就西方人所艳羡的东方功夫来说，功夫对于他们只是一种人类肉身强悍的力量与技巧的表现，对于中国人却有着武力、道德、修养等多种成分在内的文化综合与呈现。“文化的这种偶合现象，可以促进英语学习者（English learners）在目的语（target language）学习中的‘正迁移’（positive transfer）”[②]。

在英语教学中，目的语与母语的某些特征类似或一致的正迁移对英语的教与学极为有利[③]，但是在进行具体的英语教育时，为了能够有效地完成教学任务、实现教育传播，将教学传播中语言的“负迁移（negative transfer）”——与母语不相似、不相同的特点和影响降到最小，尤其需要加以用力和用心的地方。其实，已有外国学者犀利地指出：外语中某些特有的差异特征并不总是使学生反感，事实上，往往正是那些差异现象反而更具有吸引力，学生对那些有趣的异质现象也就会给予特别的关注[④]。

语言中储存了一个民族所有的社会生活经验，反映出该民族文化的全部特

---

① 胡文仲．文化与交际［M］．北京：外语教学与研究出版社，1994.

② 蒋和舟．从英汉文化差异看英语教学中的文化互动［J］．怀化学院学报，2006（7）：180－181.

③ 赵爱国，姜雅明．应用语言学概论［M］．上海：上海外语教育出版社．2003：11.

④ 哈拉尔德·魏因里希．跨文化的外语教学与研究［M］．梁镛，译．上海：上海外语教育出版社，1999：85.

征。英语是英语民族历史、文化的物化，其丰富与更多的不同，源自其民族历史与文化的积淀、不同的文化认知与理解的表达、不同的民族文化心态与人格担当。其中，英语语言的个性，既是人类社会的既在现实，更体现出英语在民族历史的变迁与文化演进中载蓄文化、涵容文化、呈现文化、构成文化并中介文化，从而实现英语对其民族文化的反映、传播和制约。

二、现实社会中实际运用

语言是人类在社会化过程中产生的人类特有的符号系统。语言一经产生，人类社会生活就离不开语言的表意系统而独自存在了。美国的语言学者爱德华·萨丕尔在他的《语言论》中注意到人类的语言行为与走路行为的区别。相比于走路作为人的“机体的、本能性的功能”，他认为，言语是一种非本能性的、获得的、“文化的”功能。并且在不同的语言之间比较，“言语这人类活动，从一个社会集体到另一个社会集体，它的差别是无限度可说的，因为它纯然是一个集体遗产，是长期相沿的社会习惯的产物”①。他的阐述，为我们正确理解语言行为的本质、实际运用中的语言行为、不同语言的自成体系厘清了思路。语言的出现和每种语言的特异性都会带给人类一种称作为语言生活的生活，在日本语言学家眼里，语言生活就是“体现在生活中的各种语言形态”②。在语言与历史、文化成正比的丰富、延展中，英语以其长期演变，以先有语言后有文字的顺序，约定俗成而将英语固化为复杂、开放、动态、不稳定的语言文化系统，并使得人类浸没于语言的无处不在的生活之海里。索绪尔把语言活动分为语言和言语两部分。他认为，语言是一种封闭的符号系统，而言语活动以话语为表现，是对语言的具体运用，并同交际对象、交际内容、交际任务、交际场合等建立着极其开放的联系。以言语活动为体现的英语交际，以听、说、读、写等基本行为在现实社会中经常、频繁并实际、全方位地使用、运用。

（一）用于社会表达与交流

人类作为社会性的动物，需要媒介进行彼此连接和联络。语言就是人类社会

---

① ［美］爱德华·萨丕尔．语言论［M］．北京：商务印书馆，1985：4.

② ［日］真田信治，涩谷胜己，阵内正敬，杉户清树．社会语言学概论［M］．王素梅，彭国跃，译．上海：上海译文出版社，2002：42.

表达与交流的基本媒介和工具。表达与交流，是人类社会化生存与发展的前提①，人类的童年时期，以无媒介的人际传播，建立人与人之间最初的相互影响与作用。但这样的社会交往，不仅有限而且局部、即时。随着人类表达与交流深度、广度与长度的需要，必定要借助在功用和使用范围上有所扩展和进步的媒介才能实现。语言的出现，改变了人类社会的时空概念，使得文化的留存与传播借助语言及其文字符号系统，有了更多的可能。仅从时间的角度看，“语言作为文化的符号，赋予人类以跨越时代的‘记忆能力’”②。正如上面所述，英语对过往民族历史、文化的承载。而从空间的角度看，英语一旦成为一个社会、民族或国家的表达工具，那么在生活、学习与工作等层面，就会被广泛、频繁和深入地使用着。

我们看到，在日常生活中，英语是人们表达自己对人生、对社会、对历史文化、对大千世界等的认知、感受与思考的直接手段；在工作中，英语及其文字连接形成每个工作的环节和阶段；在学习中，即使不是专门英语课的学校教学，英语都是作为教师与学生、教师与课本、课本与学生等关系黏合的材料。总之，英语的使用以听、说、读、写的不同形态，充斥在英语社会的每个角落，粘合起各个细节、环节与片段，也将社会的点、线、面用语言的经络勾织成网、编织成袋、衔接成一个文化的社会。英语成为人们原始、基本和主要的表达、交流手段，成为漫天遍野的文化空气，让每个人无法避开、躲开和离开的氛围，而氤氲在他们的呼吸里。美国新移民作家小楂就曾因与美国文化产生相互双向隔膜感慨地说过：“文化是浸泡出来的”，这句话同样道出了语言作为一种文化环境存在时，对个人必然产生的影响。

（二）纪录与诠释的基本工具

人类社会离不开表达与交流活动，而纪录与诠释，既是表达活动的起点，也是交流活动的起点①。“在人类发展的过程中，语言是必需的，没有语言就没有人类社会”③，语言作为人类社会基本并历史久远、运用广泛的媒介，其“符号性、工具性、信息性和文化性”的本质特征②，使得我们可以从人类表达与交流

① 贾秀清．纪录与诠释：电视艺术美学本质［M］．北京：北京广播学院出版社，2004：6－7.
② 赵爱国，姜雅明．应用语言学概论（M）．上海：上海外语教育出版社，2003：163，14.
③ 张公谨，丁石庆．文化语言学教程［M］．北京：教育科学出版社，2004：76.

活动的起始处，发现现实社会中应用语言的面貌、过程、目的与意义。纪录与诠释，是具体表达与交流活动不同面目和状态的决定性因素。在英语社会中，英语是其进行社会文化纪录与诠释的基本工具与手段。

“一般认为，迄今为止人类经历了四次信息革命：语音、文化、印刷、电子”，而“口语，被认为是早期人类交换信息的重要形式”“被称为信息的第一载体”。口语是语言以语音记号的最早的、主要的形式之一，其优势在于“能脱离所指对象进行表情达意，运载信息”，“能对信息进行概括和归纳”从而成为人际性交流沟通的主要工具。而文字的出现，使得语言有了另一种物化形式，“使语音信息得以固定下来”①。文字作为人类超时空传输信息的重要媒介，被称为信息的第二载体。语言作为信息传播基本而主要的工具，不仅在人类社会的初始期，也在随着人类社会因科学技术发展而发明更多纪录与诠释工具的不同阶段，继续充当新媒介中的符号形式。比如，电话延伸着口语的表达空间；报纸等大众媒介需要文字作为基本的纪录手段，而电视则综合运用了包括口语与文字在内的多种纪录与诠释的形式。

英语亦是这样，在英语社会、历史与文化的立体时空中，语言以口语、文字的基本方式，在不同方面、层面、广度和程度等，被当作英语社会文化主体最基础的纪录与诠释工具，是在每一个现实时空的当下，被英语社会中的个体、组织在不同的情境与场合下，实在、主要而灵活地使用着。从而在根节处，建构起英语社会中的文化表达与交流，完成了英语社会中的文化交际与文化构建。

三、对新文化元素不间断地吸纳

语言一旦生成，就在一种开放性的自我完善、自我发展中，不断地吸纳、映现、反应，体现着新的时代文化气候与变迁。从古英语到近代英语，再到现代英语、当代英语，作为语言体系内部的语构、认知、语用文化，都发生了很多的变化。其主要变化呈以下两方面的情状。

（一）获取并述说新的文化信息

语言所具备的获取功能指的是：“主体通过语言获取客体信息，领会前人赋

---

① 张宇丹，孙信茹．应用电视学——理念与技能［M］．昆明：云南大学出版社，2003：5，6，10.

予它的意义和价值，并进而使信息‘内化’，变为主观的思想、知识，然后再上升为创造的动机和目的，从而发挥出主体的作用。”而“述说”是说人类“以述说的形式掌握和传播知识，传承文化传统，形成创造文化的契机和基础”①。语言所具有特殊的文化使命、功用与特质，使其获取与述说功能的完成与实现，是一个只要人类社会存在就会不间断地积累、更新下去的过程。这也是为什么汉语的字、词、句经常在新的时代和社会条件下，产生新的文化意义和表述的缘由所在。

英语在其发展过程中所获取和述说的新的文化信息主要有三个来源：首先，对社会当下新的文化信息的传达，对新的时代文化现象的表述、归纳和总结，比如，“9·11”及其相关内容、现象的语词和表达，是在美国社会发生这一事件之后出现的文化语词；其次，在新的文化交际空间中，产生的新的语言文化范式，如随着中国经济实力的增强和在国际上政治、经济、文化地位的提升，对东方文化的注目，英语表达与交流中某种程度东方文化色彩的增加；再次，从外来语言及文化中直接、间接地汲取新的语汇与元素，如kongfu在英语词汇中的出现，而Beijing Olimpic 2008’不仅给中国社会带来了语言文化中新的元素或成分，同样也会在用英语表达这一概念的英语语言中，显在和潜在地添加了汉语文化的某些元素。

（二）建构新的文化观念和文化工具

麦克卢汉曾说过：“作为人各种感觉的同时延伸或吐露（即外化），语言一向被认为是人最丰富的人为技艺形式，这一技艺形式把人和动物界区别开来。”② 而语言的作用绝不仅单一地限于将人从动物界区分出来，语言以符号的形式，在人类社会的发展过程中越来越脱离生理、物质的主体本身，而趋向语言之于人思维能力的发展、提高。因为语言的“符号思维克服了人的自然惰性，并赋予人以一种新的能力，一种善于不断更新人类世界的能力”，所以人们“可以利用有意义的语言符号去创造观念和建构美好的世界”①。再加上社会文明的基础——文字的出现，人类的大脑在语言的促进下，更加富于推理化、概念化。

① 赵爱国，姜雅明．应用语言学概论［M］．上海：上海外语教育出版社，2003：23，14－15.

② ［加］马歇尔·麦克卢汉．理解媒介［M］．北京：商务印书馆，2000：308.

语言与人类社会的不可分离性，带来了英语对新的历史、文化随时随地同步而敏锐的意识反映。“语言自成体系等特性，使得语言虽然经过岁月磨合，一般来说，基本结构特征不会有根本的变化”①，但是，语言以自己的体系所容涵、体现、架构的文化及其表现，却在面向人类文化开放的状态中，不断地更新、前行。就是这样，英语社会中的个体在获取和述说新的文化信息与内容、新的语言文化范式与吐纳外来文化——包括语言文化的过程中，继续形成新的意识、想法和新的思维结构、模式、新的文化观念，从而构建起社会文化新的面貌。与此同时，语言的符号性，使得其可以自在。于是英语在充当新的社会文化及意识表述工具的同时，也一定程度上成为社会更新的文化工具，建构起一种以语言文化为表征的新的文化观念的思维与精神性的存在。

语言是一种文化现象①。语言在凝聚、反映人类文化的同时，还在与世界同步前进与发展，不断丰富、构建着新的社会文化。于是，在进行语言的教学过程中，除了注意到语言符号系统，作为文化构成、文化反映、文化担当的物化成分而进行专门的语言教学以外，我们还必须关注语言在不间断的表达、交流实践状态中民族文化新成分的生成。正因为语言与文化这种互在、互为和互动的关系，人们学习语言、认知语言、掌握语言就需要从三个方面着手：第一，通过对语言内部系统诸多元素的习得，学会听、说、读、写；第二，通过对语言表达的文化内容与外延的把握，进行有效的社会表达与交流；第三，通过对语言所附着的显性、隐性及处在不同场域产生的延展性的文化成分、变量与信息的深刻理会，掌握不同种语言所展现的文化分类、内涵与意义，从而带着自觉的文化意识，进行更广泛和更深入的不同民族文化的交流、传播，促进全人类文化的共同进步和发展。美国教育家温斯顿—布伦姆伯格说过，采取只知语言而不懂文化的教法，是培养语言流利的大傻瓜的最好办法。这句话在我们进行不同层级的英语教学中应该引起重视。不了解英语及其文化自在场中的原生态，中国的英语教育传播就必然有所缺失。中国英语教育毕竟不能自给自足，仅仅是为了应付和准备各种各样的考试，而成为教英语、学英语的“化外之地”。英语教学最终目的，还是要培养能够在国际化的环境中，与各国人民进行文化交流的外语人才。在英语已经客观地成为国际社会正式场合使用的通用语言的情况下，我们必须认清英

---

① 张公谨，丁石庆．文化语言学教程［M］．北京：教育科学出版社，2004：246，14.

语及其文化的原生态，从而直面英语教育传播在中国社会文化场中的实际短缺，采用迎合上述三个方面要求的英语教学方法，帮助中国社会在面对国际化、全球化的情形下，培养出更多、更好并能够更熟练地进行文化交流的实用型英语人才。

文化传播场中作为第二语言的英语课堂教学

摘要：中国社会中英语是作为第二语言被教授、被学习的目的语。当下中国社会与此相关的文化现实是：社会大环境中英语传播环境的绝对狭窄，使学校的教学传播成为英语语言主要的学习、实习与应用渠道。教学传播的目的、目标不同，教学传播环境即传递场不同，英语作为信素予以传递的程序、重点和方法的不同等，使中国社会中的英语教学传播，呈现出以下特点：通过第二语言传播连接起母语为汉语的主、客体；对书面语言进行静态、即时态的课堂教学传播，社会实际应用情境匮乏。

关键词：教学传播；静态；即时态；课堂应用

一般来说，第二外语的学习者如果“对外语没有特别兴趣，与外国文化没有特别联系，而且其工作前景也不需要依靠外语”的话①，学习的动力就会较弱。随着全球化和地球村等概念在人类社会文化中逐渐成为现实和氛围，学习外语以完成不同民族之间的文化协作与交流，是全世界持不同种语言的各国、各族人的共同面对。尤其是英语，在各种各样的国际交往中，几近担当起共通媒介的作用。

与社会文化教育有所不同，学校的教学是人类社会一种有意识、有目的的活动，是作为人类社会一种特殊的实践活动存在和发展的。对于英语教学传播来说，当下中国社会相关的文化现实是：社会大环境中英语传播和实际应用环境的相对狭窄，使学校的教学传播成为英语语言主要的学习、实习与应用渠道，英语教学传播成为中国社会中主要的英语传播信道——表达与交流的传递渠道。于是，学校课堂的英语教学，亦成为当代中国社会培养英语人才的主要渠道。中国

① Vivian Cook. Second Language Learning and Language Teaching［M］. 北京：外语教学与研究出版社，爱德华·阿诺德出版社，2000：98，14.

社会中的英语，是作为第二语言被教授、被学习的目的语。教学传播的目的、目标不同——中国学校中英语教学的目的主要是完成课程教育，并能够在相关的英语考试中取得好成绩；教学传播环境即传递场不同——主要在汉语为母语的传播主体和接受主体间形成；英语作为信素予以传递的程序、重点与方法的不同，等等，使中国社会中的英语教学传播，与英语社会中作为母语并在英语文化自在场中实现的教育传播不同。

一、通过第二语言教学传播连接的主体、客体

语言功能不是人类先天就有的，而是需要学习才能获得的。从人对语言的学习和接受来说，其过程从在母体中孕育已经开始。有科学家的观察、研究表明，在母腹中六七个月的胎儿，通过对发自母亲身体内部声音的直接感知和对透过母亲腹部与子宫壁导入外界各种声响的间接接受，已经开始了他们对声音的吸纳、筛取，其中当然包括对语言的接受。国外一部关于人类胎儿生长的科学纪录片中，对此有过细致而形象的展现。所以，胎儿在母亲的身体内已经开始学习语言的说法并非空穴来风。确实，人类语言是从声音器官开始，先有发音器官的工作，才会有语言的产生。而学习语言则是从听开始的。胎儿在母亲身体内已经开始的语言吸纳、辨识、择取，导致了他们在出生后直接对熟悉的声源处的某种语言，有着天生的亲近感，比如来自母亲的。处在英语社会中的婴儿出生后，他们就具有这种孕育过程中的英语涵育。这使得他们出生后的英语教育有着自然而先天的优势。

对儿童习得母语的现象进行研究后发现，只要接触到周围人的言语，儿童在五六岁时就已经基本掌握英语的复杂规则，并“能够创造性地使用语言进行交际”①，他们在一到一岁半的时候开始模仿周围的语言；从一岁半开始，会从一个词增至两个词；两岁半到三岁，他们能用关系复杂的语法来说话；以后，他们不但使用语法，还能察觉到语言的规则系统等①。通过这些发现，我们无疑能够更好地懂得英语社会中儿童习得英语的规律。

儿童为何能够很快掌握语法规则，并能进行实际的交际运用，语言学家们的认识不一。有一种观点认为，在人类语言学习中，存在一种“普遍语法”，即人

---

① 王初明．应用心理语言学——外语学习心理研究［M］．长沙：湖南教育出版社，1990：11，16.

类头脑中固有的属性，由一套适用于语法的普遍原则构成。语言学家乔姆斯基就是用“普遍语法”给予语言学习以解释，他同意“普遍语法是人类大脑的一部分，属于一种生理现象”①，认为普遍语法是人类一切语言都必须具有的原则、条件和规则系统，是人类通过生物进化和遗传先天获得的。只有个别语法（particular grammar）是人出生以后通过学习获得的，而获得个别语法的条件是自然语言语料②。

显然，在英语社会中的儿童习得母语的过程中，如果普遍语法和个别语法的说法是正确的，那么对母语的听与说，在儿童先天和后天的天然、自然的接受或学习中，起到了重要的解释作用。这些儿童如此习得并获取的英语语言能力，使他们在进入学校进行系统的学习之前，已经得到完善的准备和建立。从而从另一个方面阐述出，在英语教学传播过程中，英语作为信素——语言符号及其结构，在不同的情形下，是以不同的方式、渠道、程序与状况，被不一样地传播、接受的实际。

相比于英语社会中的儿童习得母语的情况，和中国社会中其他外语教学传播的状况一样，中国环境中的英语教学传播面对以下的情形：

（1）学生已掌握母语，在母语环境下学习外语。

（2）外语环境较差，学习在很大程度上要依靠课堂教学和读本，书本是获得语言知识、发展言语技能的主要信源。

（3）外语实践机会较少，外语的使用多限于阅读文献资料、书面交际和收集信息，少有机会用于口头交际和解决实际问题③。

中国社会中的英语学习者（英语教授者也是过去的英语学习者），从儿童期开始学外语的人是少数，绝大多数学习者是从初中开始学习外语的，甚至有的学习者在二三十岁才开始学习。“语言内容研究”学派（Sprachinhaltforschung）认为：任何个人的成长都必然居于某个特点的社会环境之中，他不是与其他所有人，而只是与同属一个语言群体的那部分人共同拥有一个环境。而这一社会环境

① 王初明．应用心理语言学——外语学习心理研究［M］．长沙：湖南教育出版社，1990：33.

② Vivian Cook. Second language learning and language teaching［M］．北京：外语教学与研究出版社，爱德华·阿诺德出版社，2000：14.

③ 赵爱国，姜雅明．应用语言学概论［M］．上海：上海外语教育出版社，2003：304.

是以特殊的方式通过母语建构起来的[①]。这样，在中国社会文化环境中成长的外语接受者，也像英语社会中接受英语教学传播的学习者一样，他们用母语——汉语结构起自己的主观与客观世界的联系，并且，汉语言成为他们学习其他语言时的起点与基础，以至对母语为汉语的个体进行英语的教学传播时，无法也无以回避汉语言的发音、词汇、语义、语法和篇章等各方面正面的或负面的影响。

有学者认为，语言影响和限制思维；语言不同的人思维方式不同[②]。有学者一针见血地指出，我们的发音器官的肌肉，从幼年就已变得只习惯于我们自己语言的传统语音所需要的那些调节和调节系统了[②]。传统语言习惯的形成，导致说一种语言的人，对其他相关调节的不知觉或永远的失去，或因生命机能的淘汰功能抑制了其他调节。事物的两面性使得母语作为传统的建立，导致了生命机体与语言操作、文化表达等，成为独特的相互烘托也相互掣肘的体系。这一体系一旦存在，每个其中个体都再也不能摆脱。于是，学习母语以外的第二语言，不可避免地从学习行为到对语言对象的认识把握，再到对语言对象的实际运用等方面，因母语的存在而被牵制。

英语课堂上，教师用汉语解释英语的词义、语法、篇章结构，学生亦用汉语言形成的思维和理解，一一对应着试图把握英语语言的情形，是中国社会中英语教学传播最真实、最常见的现象。有人认为，语言的语义内容是相似的[③]。鉴于这样的认识，似乎以汉语言为母语的英语学习者，当他们已经用汉语建立起思维中最初的认知概念和表达这些概念的语言手段，他们仅仅需要找到新的符号表达形式与已有的语言符号对应关系，就可以掌握第二语言了。其实这恰恰是一种错误的认识，语言学家指出，成人学习外语是一件不容易的事，虽然不同语言之间只存在着细微的差别，但是，语言表达的概念往往没有一对一的对应关系。成人也包括学习外语的儿童为了学会这些细微的差别，必须经常调整和修改一些现存的认知概念[③]。

所以，以汉语为母语的中国社会中的英语学习者，是与有意识的系统联系在

---

① 梁镛．跨文化的外语教学与研究［M］．上海：上海外语教育出版社，1999：90.

② 张公谨，丁石庆．文化语言学教程［M］．北京：教育科学出版社，2004：123，112.

③ 王初明．应用心理语言学——外语学习心理研究［M］．长沙：湖南教育出版社，1990：170，30.

一起的。他们以改正语言错误方式和通过有意识的系统学习语言规则去掌握语言[①]。

二、书面语言静态、即时态的教学传播

维果斯基认为，在儿童发展过程中，语言先是社会交流的工具，然后逐渐内化为一个抽象的信号系统并成为儿童组织思维的工具[②]。对于语言内部系统，如果学习语法规则，母语习得的儿童，就必须掌握语言结构，必须懂得形义之间的联系，必须学会使用语言结构去表达不同的语言功能[①]。从以上的论述中，我们了解到一般的个体在母语建构其文化思维、个性和人格的程序，从语言结构、语法，到语言的思维内化，再到语言的实际运用，语言的教育不仅来自于学校教学，而应该是一个从生命孕育的开始就启动的过程。与之相对应，英语社会中的儿童英语教育，是在进入学校接受系统的英语教育之前早已开始。他们在由英语表征和贯连起的文化场中浸泡，对英语语言内部结构及文化个性的各个层次已经有一定程度的耳濡目染。他们听懂，然后掌握英语的发音、语法规则，并将英语的外在、内在功能，涵化成为自己内部的文化结构，在社会生活中能够实现一定的语言交际任务。

语言学习有正规与非正规学习的区别，语言学家克拉申把“无意识的、非正规的语言学习称为‘习得’，而把有意识的正规学习称为‘学习’”[①]，那么，在英语作为母语的社会中，学龄前儿童在进入学校“学习”之前，他们已经一定程度地“习得”作为语言的英语，并在具备一定的英语文化思维和能力后，开始有意识地、正规地学习英语。也就是说，他们作为英语教学传播的接受者，在学校学习英语的过程，只是他们所受的英语教育的一个小片段、小局部、小过程。母语的无处不在，令学校的正规英语教学与传播，不过是进一步帮助母语儿童，“在交际使用的过程中发展”并提升[①]。

于是，母语英语语言学习者正式的英语教育，无非是对其已经具备的语言文化既有根基的规范、深入与拓展。更具体地进行分析，就是通过对英语表层的结构和语义的掌握，学习中层的修辞、语用和语体，并延伸到深层，对所在社会的

---

① 王初明．应用心理语言学——外语学习心理研究［M］．长沙：湖南教育出版社，1990：35，11，16，33，170，30，35，34，100.

② 余强．双语教育的心理学基础［M］．南京：江苏教育出版社，2002：75.

文化观念、心态、认知、习俗和宗教的全方位的循序渐进的涉猎。尤其是在语言的中层和深层结构上，英语社会中的学习者通过在英语环境中长期的浸染与日积月累，进而由学校教育在语言的表层结构——语音、语法、语义、词语、词组、语句、篇章、熟语、谚语、名言和警句等方面，予以更多和更深入的教授。在听、说、读能力渐进的同时，通过对文字语言的学习、把握，进一步将听、说等能力系统化地扩大与提升，并发展读和写的能力。“文字是语言的书写符号，是人与人之间交流信息的约定俗成的视觉信号系统”，其功能是“记录由声音构成的语言”。文字的出现，使得人类进入文明时代①。正是通过学校课堂正式、系统、规则而偏重文字的教学，在与英语儿童生理、认知、情感等方面发展同步的情境下，学校所着重和加强的文字语言教学，促进了他们语言的丰富、条理化和思维的逻辑性、精密化，强化了他们与所在社会的协调，并借助文字对历史、文化的符号化记录、承载与传播，扩展他们作为社会人的认知能力、思维能力、知识构建和文化归化。英语社会中的英语教学传播，给予英语为母语的学习者的是，在熟悉的语音、语句环境中，作为英语教学传播的接受者，听、说同样的语言，培养、提高英语读、写水平，并进一步地深化并升华了他们的文化涵养。

而处在中国社会中的英语教学，不仅呈现出“当学习者在自然情境中很少能够接触到讲第二语言的母语人时，学习者会最大限度地使用迁移和干扰的策略”②，而且英语教育大环境的匮乏，使得学校的英语教学，对于很多英语作为第二语言的学习者来说，是唯一接受英语语言的场域。于是，语言存在的基本功用——作为人类社会表达、交流的媒介与工具，在课堂以外的环境中，很少获得需要并得到体现。集中于课堂上的英语教学传播，一般是从文字着手，开始对句、词、语法、篇章的书面学习，以阅读和记忆为特点的英语语言的教学模式，曾经是中国社会中英语教育的主要方式，正式学习英语语言的内部语法规则是其重点，完成学习任务、通过相关考试是其目的。

在此同时，与英语社会中的英语作为母语的教学传播相比，英语社会中全方位、综合、立体、动态的语言教育环境的具备，是中国社会中英语作为第二语言的教学传播所不可能具备的。中国英语教学传播是相对静态和即时态的语言教

① 张公谨，丁石庆．文化语言学教程［M］．北京：教育科学出版社，2004：76.

② 余强．双语教育的心理学基础［M］．南京：江苏教育出版社，2002：210.

学。对于英语自在场中的语用文化和新语言文化元素的随时吸纳来说，中国社会中的英语教育传播，主要表现出从语言的语构文化向认知文化的延展。专家们认为，第二语言的习得是一个复杂的认知过程。这个过程主要包括三个阶段：对语言材料的理解阶段，语言能力培养阶段和语言材料综合阶段①。中国社会的英语学习者，正是从已有的母语知识开始，去接受和理解英语。在课堂教学的实际传播场中，学生按照教师所教而学，按所学而记忆，按记忆而考核，按考核而学习。于是，中国社会中的英语教育，呈现出一种不良的循环态势，与英语母语儿童按照社会交际的需要而掌握的状况有很大的出入。其中，英语儿童的思维与英语社会中文化交际所运用的语言同构，而中国学习英语的学生是用汉语思维理解英语，英语仅作为一种语言，其思维与对象物即目的语及其实际运用无关，思维与英语语言呈异构状态。英语外在于中国学生的思维与现实，而非英语儿童学习时的那种融入与一体的情状。“在正规场合里，语言规则按一定的顺序教给学生，教师有意识、有目的地让学生操练语言，将反馈明显提供给学生”②。即使长年累月地进行英语学习，但外在必然造成隔膜，用汉语语言的知识对照着理解英语，以汉语涵育的思维通过教师系统讲解语法而培养第二外语能力，英语教学传播几乎是中国社会中英语教育的唯一手段与场合，等等。尤其需要引起注意的是，在英语作为信源的教学传播中，英语作为一种静态的、稳定的、单一的语言对象物、目的语被编码、被传递，使得英语在其语言文化自在场中的那种丰厚、动感和生长的内容、状态被忽略、被掩盖；英语教学只限于课堂教学目标、时间和范围内的功利性传递，最终导致中国社会中的英语教学传播，是一种从书面语言开始的静态与即时态的语言教学传播，造成中国英语教育一定也是必然的缺失。

三、英语社会应用情境匮乏

英语社会中的英语教育是全方位的、综合而立体的，中国社会中的英语教育主要由学校正规的课堂教学，这不仅造成了英语教学传播呈现静态的和即时性的局限，而且带来了中国社会中英语的接受者缺少语言的实际接触及其运用的困

---

① 赵爱国，姜雅明．应用语言学概论［M］．上海：上海外语教育出版社，2003：300.

② 王初明．应用心理语言学——外语学习心理研究［M］．长沙：湖南教育出版社，1990：11，16，33，170，30，35，34，100.

难，由此而使英语的语用功能难以发挥。

“社会情境，尤其是同主要照顾人之间的互动对于孩子的语言发展是非常重要的。日常互动是儿童社会化的途径，它既向儿童提供了语言输入，又提供了适当的交流方式”①。正是因为语用环境的真实存在，才使得英语的母语儿童能够迅速地发展语言能力。根据生物学和社会学的相关理论我们知道，人类生命及其社会中某种能力的存在与发展，都是基于一定的生物或社会需要才会出现并发展。“母语习得过程与儿童的社会同一性的发展紧密相连”，而“在交际过程中，儿童知道语言可以帮助交朋友”，他们学习语言的动力也主要是“要跟社会上其他人一样”②。儿童以语言的习得、运用实现其社会化的过程，告诉我们语言产生和习得的必要性，也意味着语言的存在，也必须在动态的运用中，实现其存在的价值和所有的功能。

在英语社会中，通过社会包括学校正规英语语言教学传播在内的英语教育体系，帮助了英语社会中的英语学习者，能够彻底并通透地进入到对英语语言的语构、认知和语用文化的学习与掌握中。他们除了在进入学校之前已经生活在英语语言的环境中，进行必要的社会交际以外，学校同样是被英语语言全部环绕和贯穿的英语教学传播体系与方式，提升了他们对英语的理解、把握、应用能力。更重要的一环是，学生学习的英语，与他们作为社会人的确立密切相关，他们需要借助英语合适的表述，获得英语社会中被接受的同一性；与他们当下的生命存在密切相关，他们需要以语言建构起与所在社会的一切联系；与他们未来的发展密切相关，在英语社会中的工作机会、人生发展机会，都需要更好、更适应社会需要的英语能力去奠基。这些因素，使得他们与英语语言须臾不可分离。而通过学校正规的英语教学传播，得以更多实现英语社会化的学生们，还有一个充分的社会环境，英语社会中无处不在的英语表达与交流，使得他们的所学都有所用，在自身的存在与所处社会都提供英语需要的同时，社会还同时提供了英语语言实践应有尽有的机会与平台。在学习与应用不断的、反复的、频繁的互动相生中，作为英语语言接受者的英语社会中的英语学习者，不间断地重复、强化、提升、巩固他们的英语表述及其交流能力，英语与语言主体的共在、同在甚至同一性，使

① 余强．双语教育的心理学基础［M］．南京：江苏教育出版社，2002：76.

② 王初明．应用心理语言学——外语学习心理研究［M］．长沙：湖南教育出版社，1990：34.

得英语教学传播中的接受和学习，对于他们仅是一种文化和社会存在中的一个环节和局部，不仅自然、应在，而且必需、重要。英语学习可以与他们在英语社会中的被识别、被认出、被确立等价值联系起来。

而在中国社会中，因为汉语言担当了学习者的社会性、文化性的被识别、被接受、被定位等功能，所以，相对来说，英语作为第二语言被学习的重要性，就弱于英语社会中英语作为母语的被接受。作为外语学习者，其学习动机是必须予以重视的方面。学习动机的存在与否、学习动机的类型、学习动机的强与弱等，都会直接影响到外语学习者对外语的接受。应该看到，随着中国社会与国际社会的交流日益频繁，英语在中国人个体的社会存在中的作用和意义，有日渐上升的趋势，学习外语的动机广泛存在。但是，在外语学习动机中进行具体分析，有“结合型”和“工具型”两种。“结合型”是一种为了完成个人的社会定位与文化交际的目的类型；“工具型”则是个体为实现自我直接而具体的社会功用的目的类型①。在中国社会中，通过有限的学校英语教学传播学习英语的学生中，在学习外语目的中为“结合型”的个体占少数，而“工具型”的占多数。这种现象存在的直接原因是，在学校的教学传播中，英语语言被正式设置为必修课。虽然这一设置增加了英语语言学习的重要性，但对于大多数人来说，通过必修课考试，是最迫切的目的。所以，在学校学习英语的学生，都一定程度上充任了“工具型”的英语学习者。而英语作为中国社会第二语言的价值附加性——掌握外语增加了个体被社会辨识的实力，也使得中国社会中，大量存在着为通过一定的入学和晋级等考试的需要而学习和接受外语的学习者。除此以外，中国社会中主要存在的还有不想进入外资企业或一些必需英语进行表达和交流的工作岗位，基本上没有学习、应用英语需要的学习者群体。于是，从学习者的角度观察，中国社会中司空见惯的现实是，充其量课堂英语是他们认识中必要的学习与掌握的对象与内容，而英语的交际则外在于其学习动力与需要，从而导致了英语语言在接受者那里被区分、简化、静化和片面化。

以汉语言建构的社会文化环境同样也不可能为英语语言的生存和发展提供如同英语社会那样充分而完善的空间和可能，也不可能具备英语语言必要的应用，即实际表达与交流的社会情境。主要通过课堂上的英语教学传播完成的表达与交

---

① 王初明．应用心理语言学——外语学习心理研究［M］．长沙：湖南教育出版社，1990：100.

流，教师作为英语语言信源的传递者，很少能像英语社会中的教师那样，运用英语做表述和讲解；那些限于英语课堂教学的英语学习，也只注意学生对英语语音、词汇、语法、语句、语篇的注意力和观察力，培养学生对英语语法结构、英语篇章和语言的强记忆力；以符合逻辑的思维和想象能力，培养学生对语言技能的学习和语言规范的掌握等。然而，学习语言的目的毕竟不只是为了记忆一些词汇、语法规则，对英语作为实用语言的实践机会绝对缺少，语言运用平台也绝对缺乏，中国社会语境中缺乏浑融一体的英语语言运用的实际情境，这些语言传播与应用的不利条件及因素，使中国社会的英语教学传播，很少得到社会的配合与反馈。中国社会中因为英语语言语用文化仅限于课堂教学环境，而匮乏英语作为语言的应用、交流机会，直接导致了中国学生的英语语言接受，呈现认、读、写能力远优于听、说、用能力的状况。

当代英语教学传播中的文化减元与增成

摘要：中国社会中英语教学方式、方法的改革、转向，正在向着英语作为第二语言进行传播的有效、有用性方向发展。通过对英语文化自在场中英语语言的存在状况、中国社会文化场中英语教学既有传播场中实在情形的观照，能够发现其中的缺失、局限、谬误与偏颇，在中国英语教学传播的到达场中，通过英语教学传播，在中国社会的接受场中形成了英语语言的文化减元与增成的情形。即英语积淀元、应用元、变动元的减少，汉语文化元、课堂教学元、应试目的元的增加。

关键词：接受；语言；英语减元；汉语增成

语言是文化的，文化是语言表述的。语言与文化的关系实际上是混沌状态中边界不清的分层、分界，互相之间有时很难以清晰的定义、分类予以区分。只有在场域的观念中，将语言文化的多重作为语言系统的本体，作为文化系统的现象体，作为社会功用系统的呈现体和作为应用系统的变量体，等等，分别以文化元的方式进行叙述、讲解，方能部分地传达出语言的多样、多面、多变迁、多涵容等特点。英语在英语社会中不间断地载蓄、积淀其文化的留存，在不同语境状态下变化言语的形式与样式，并时时常新地表达社会文化的变动。在这样的意义上，称语言是社会文化的信号灯、风向标，似乎也不为过。

在实际意义上，对一种语言实施教学传播，不仅是对这种语言的语法等规则、系统的传递，更应该是使这种语言实现思维的内化，并使之到达受者，使受者能运用规则在现实社会中有效地使用。在当前中国社会的英语教学传播中，从上到下已经意识到静态和即时态的教学方式所带来的贻害。比如，有人呼吁以“任务型语言教学模式”建立英语在中国社会教学传播中的新方法。提出建立“课内学习环境”以“调动学生的学习主动性”；建立“课内语言环境”以“营造语言的运用氛围”；建立“校内学习环境”以“建立师生平等和谐的关系”；

建立“校内环境布置”以“布置英语语言、文化环境”等具体方案①。这些方案的提出，其目的就是要帮助中国学生，在英语文化环境不可能完备的情况下，注目并尽量加强学生的英语语言交际能力，在把握语言、功能、语境、交际者和社会文化知识的关系五方面内容的基础上，帮助学生牢固地掌握语法知识，培养其听、说、读、写等方面的综合运用能力，以选择与所处语境相适宜的话题，根据进行文化交流的对方的身份、地位与社会场合，说出合乎自己身份的话语。美国著名语言学家萨丕尔认为，文化可以解释为社会所做的和所想的，而语言则是思想的具体表达方式。外语课程教学的标准，已经从过去偏重阅读教学改为听说为本、读写并重，其中清楚地显现出英语教学传播方式在中国社会中的转向。语言作为一种民族文化的表现与承载形式，英语作为架接不同民族文化表达与交流的桥梁，被越来越多的人所重视。就英语教学本身来说，有研究者指出，“教学的有效性很大程度上依赖于学生的口头和笔头表达能力。没有一定的听说能力，学生则难以适应课堂教学”②，从而从具体的英语教学传播本身，提出了教学传播方法改革的实用性与紧迫性。

英语在中国社会中教学传播方式、方法的改革、转向，正在向着英语作为第二语言传播的有效、有用性的方向发展。通过对英语文化自在场中英语语言的存在状况、中国社会文化场中英语教学既有传播场中实在情形的观照，我们发现其中的缺失、局限、谬误与偏颇，在中国英语教学传播的到达场中，英语作为语言存在着文化元增成和减元情况。

一、英语文化元素的减元

中国社会中英语主要通过课堂教学进行传播的现实，不可避免地带来了英语在接受者那里，被简单化、静态化以及静止化。英语语言文化被孤立、削弱、缩水为语言的支架和规则。

（一）语言积淀元的减少

从生理角度看，语言对个体思维成长的规定性，使得中国社会中的英语作为母语以外第二语言的接受者，从生命的开始就缺少与英语语言的互动设定——这

① 龚亚夫，罗少茜．任务型语言教学［M］．北京：人民教育出版社，2003：35.

② 王笃勤．英语教学策略论［M］．北京：外语教学与研究出版社，2002：114.

是先天缺失；而从心理角度看，接受者缺少英语中许多以语言表达的约定俗成的文化规则的规范——这是后天缺失。而在人类历史历时与共时交织成的当下时空，接受者个体的成长过程化约为微不足道的一个点，却也缺少英语语言文化融入态的涵育。英语文化透过语言不断予以积淀、表述的历史变迁、文化涵容，包括民族的风俗习惯，人们的生活方式、宗教信仰、思维方式等文化背景和底蕴，都没有在第二语言的接受者那里留下任何烙印。所以，当英语作为第二语言被接受时，其信源是当下、抽象、概念的，而非积淀、具象、鲜活的。

其实就拿语言中的词来说，“词是一个概念的符号性的语言对应物”①。然而因为是人的认知和意识的表达与对应，所以，词的抽象概念以外，还有许多的附加，比如情感。“绝大多数的词，像意识差不多所有成分一样，都附带着一种情调，一种由愉快或痛苦化生的东西通常是温和的，也有时突然变得强烈”①，并且，认知心理学中的图式理论告诉我们，当人们接收到语言信息、试图理解新事物的时候，需要与已知的概念、过去的经历联系起来。语言材料，无论是口头的还是书面的，本身无意义，它只指示语言的接受者根据自己的背景知识，恢复或构成意思。对新事物的理解、解释取决于头脑中已存在的图式，输入的信息必须与这些图式相吻合，语法相对的稳定②。也就是说图式作为人头脑中业已存在的知识单位，决定了接受者对信息的理解与把握程度。

于是，当中国社会中的把英语作为第二语言的人，缺乏对英语文化积淀足够了解的时候，英语很难在他们的心理中唤起已知的图景，也很难唤起与已知图景关联在一起的关于经历、感觉和知觉，以及关于情感的心理回忆。这时，英语语言中与个人的生命体验相关或不相关的丰厚的文化积淀元，减少到只剩下其符号意义与系统意义，比如，作为语言的心脏——词汇，虽然它起码包含着词汇意义、结构意义以及社会文化意义，但在我们的英语学生那里，社会文化几近被完全丢弃。

（二）语言应用元的缺失

从语言的实用性和社会需要方面看，当下中国社会中，英语语言实践和交际

---

① ［美］爱德华·萨丕尔．语言论［M］．北京：商务印书馆，1985：28，35.

② 王初明．应用心理语言学——外语学习心理研究［M］．长沙：湖南教育出版社，1990：151－155.

的需要呈绝对的缺少。学校教学作为中国社会中主要的英语传递场，更是一种主要针对语言技能的学习，是相对片面而静态的课堂传递。

在语言的建构中，其起点和终点，都因为人类社会人与人之间存在着表达和交流的需要。所以，语言生成以后，应该在现实社会中，被鲜活地运用和构建互动关系与联系。英语也应该这样，在社会言语行为层面活着、显现着。

从语言本身的习得来说，语言习得的关键在于交互活动、意义协商、语言输出三个步骤的相互结合。而“人们通过语言的意义来形成和表达观念”，还只是语言的概念化功能（conceptual function）。语言的另一个重要的功能，“是用于交际目的的语言使用，即语言的人际功能（interpersonal function）”。“人际互动中的言语行为体现了人类认知的本质，人类的认知往往力求以最小的心理投入，获取最大的认知效果”[①]。于是，为了实现人类认知“经济型”（小投入、高产出）的提升与获取，言语行为充当了现实的过程。

在言语用于交际的过程中，可分为“信息性、强制性和建构性”三种言语行为[①]，当英语第二语言充任跨文化交际主要工具的时候，同时还要注意言语行为的技巧与标准。“言语方式上引起文化差异的各种因素，包括言语交互性、会话结构、可理解输入等”。要想实现言语行为在文化交际中的有效，人们“在跨文化交互中应当了解并尊重交互方式上的文化差异，并在此基础上增强跨文化交互技能”[②]。

语言行为应该越正确、越地道越好[③]。跨文化交际的成功与否，除了取决于双方对中介语（英语）的应用能力外，在很大程度上还受制于对不同文化的敏感性和容忍度，即了解对方思维习惯、认知模式、合作态度等的程度如何，和对交际对象的文化背景、风俗习惯的了解等。同时，文化交际分为语言交际和非语言交际两种，非语言交际的熟练掌握，能够帮助交际过程中的文化差异的消弭和交际行为更顺利地进行。“言语交互性是以会话者是否以同等程度参与会话来衡量的”[④]。因此，就中国的英语学习者而言，其交际能力的高低取决于对英语国

① 卢植．认知与语言——认知语言学引论［M］．上海：上海外语教育出版社，2006：285 -286，293.

② Wilga M Rivers. 交互性语言教学［M］．北京：人民教育出版社，2000：124.

③ 毕继万．跨文化非语言交际［M］．北京：外语教学与研究出版社，1999：160.

④ Wilga M. Rivers. 交互性语言教学［M］．北京：人民教育出版社，2000：124.

家的文化，甚至西方文化的了解程度，从而显现其跨文化交际能力。

因为中国社会文化现状中，课堂英语教学传播，不仅是学习和接受英语的主要平台，实际上也成为英语作为第二语言的接受者主要的英语语用场合。学校教授英语通常是书面的而非口语的；合语法的而非合语用的；即时的而非长久的①。所以，是死的而非活的，英语语用缺乏充足和必要条件的实际，使得英语语言文化中的应用元缺失，其中，"哑巴"英语在实际跨文化交际中不具备行为能力，不得体的语言或非语言表达，等等，都是英语应用元缺失的直接结果。

（三）语言变动元的滞后

经济全球化、世界扁平化的文化态势，以及高科技带来人类社会交通、交流的方便与迅捷，虽然改变了人类的时空观，使得当下的人们似乎可以即时知晓，甚至参与国际社会中的所有有兴趣的事务。但地域的实际分割，尤其是语言与心理的隔膜，学习第二语言的人要想在自己的母语国家中，与第二语言的新进、发展保持同步，还是相当困难的。

语言文化系统是开放的。这不仅是指随着语用情境的变化，语言的语态甚至语义都在变化，而且，语言对当下和未来社会文化的相伴相生，使得语言是永远也不可能溢出内容的海绵：只可能吐出朽的、腐的、死的，却不可能拒绝变的、新的、活的。于是，当下社会中因为新的文化变动，所带来的新词汇、新观点、新潮流等，都会无一遗漏地得到语言的表现、表达、包装、包裹。甚至因为语言自成体系的逻辑推理性，社会新趋势有时会因为某些人群对语言文化规则的谙熟，而相对脱离实践，仅仅依靠在语言系统中的合理推理，就能够提前做出预测。比如，将社会中流行语进行集辑，发现社会中正在和将要发生的新动态，正是社会学研究的一种方法。

正规的学校课堂教学是以大纲、教材、提纲、教案和教师讲授等，构成对学生的知识传播体系的。一旦形之成文、成书、成格式、成体系，有时不免要牺牲对象物所具生态的具体与形象，而趋于概念、抽象与固定。对于英语语言这种教学传播对象来说，由此已经丧失了社会活用语的表现形态，加之教授学生的教师也同样缺乏在英语文化中深厚的积累、涵育，又因一直处于汉语言文化情境中，而缺少对英语语言足够的敏感，对英语文化的新信息和知识又闭目塞听。那么，

① 英语仅在课堂教学传播中得以接触和使用，课后很少有社会情境集中应用英语.

即使有像电视、网络这种可以帮助人们迅捷了解世界上每一秒发生的事情的现代媒体，也很难让学生能够一定程度地捕捉到英语语言文化发展的新进展、新状况。不幸言中，事实上，中国各层级的英语教师，只有很少一部分能有机会去英语国家进修、学习，于是曾经有时间浸泡在动态英语文化氛围中；或者因为先天和后天的原因，对英语语言及文化有特殊的感情或兴趣，而愿意不断追踪英语发生的所有新变化；或者因为环境的许可、工作的需要，而长期与英语语言文化打交道。除这些凤毛麟角的从业人员以外，绝大部分工作在一线的英语教学人员，是在中国汉语言文化语境中的“自产自销”，以职业站位而非事业站位，站在英语教学传播的讲台上。于是，本来就缺少英语语言文化的足够营养，再以教材教本的某些接受自己老师的套路、套式传授英语，普遍缺乏对英语文化主动的吸纳与更新。这不能不造成对英语文化新生成分的了解滞后，并以此导致其学生作为英语的接受者，缺少与英语语言发展的同步追随与更新。

二、英语教学传播文化元素的增成

作为一种混融的文化存在，英语在传播中一定会发生信息丢失、误读、扭曲和减元等情况。通过一种传播形态，能够实现文化完全的迁移和到达，只是理论上的假设，在实践中无法达成。所以中国英语教学传播中的缺失是必然的。只不过作为从事英语教学传播的人，作为一种文化和事业理想，应该想方设法力求信息传播到达的完整与完满。

在中国英语教学传播形成的到达场中，一边是英语文化元的缺失，另一边则还存在着中国社会文化场中的文化增成的状态。

（一）汉语文化元的增成

文化元增成首先体现在因语言比附产生的汉语文化元的增加上。

“大多数人会同意无论第二语言的学习者年龄是多大，他们都不会遇到和学习第一语言时相同的语义概念问题”①。因为其作为人类在伴随其认知能力的建立和发展中，母语已经完成了这些功能。于是，外语作为母语以外的语言，虽然其功能本来主要是表达与交流功能兼顾，但成为第二语言时，其功用则主要倾向于跨文化交际中交流功能的实现。可以想见，母语已经完成的诸多表达认知的概

① 余强．双语教育的心理学基础［M］．南京：江苏教育出版社，2002：231－232.

念，母语文化涵养的积淀，母语系统的语言规则，以及母语的应用习惯，等等，对第二语言一定会产生影响。语言学家在这个问题的辨析上，有许多不同的认识，并分为两大学派，一方强调语言学习的共同方面，采用“错误分析”“转换能力”“近似系统”的方法，以发展的观点研究第二语言；另一方则强调第一语言对第二语言学习的影响，采用“干扰分析”和“对比分析”，研究第一语言对第二语言的影响[①]。从人类认知开始的思维发展角度认识，我们认为，语言的学习既有共同的方面，第一语言的存在对第二语言的学习当然产生影响。

著名语言学家吕叔湘曾经提醒中国人学习英语时，要清晰地意识到“英语不是汉语”[②]。这一句话似乎谁都知道，但是在接受英语教学传播的过程中，我们谁都无法规避汉语言对英语学习的牵制。比如，当我们想请站在对面的外国朋友让路，中国人更习惯用 Sorry！而不是 Excuse me！这是因为在汉语言中，“对不起”是表示歉意的短语；See you tomorrow 如果不是一个容易随口记住的短句，我们则更愿意说 Tomorrow see you。这就是我们的母语规则及表达，影响了我们对第二语言的最明显的例子。而反过来说，因为英语学习者自然而然的语言比附，即语言学习者“无意之中在那儿比较，而只见其同不见其异”[②]，使英语语言中出现了源自于汉语的元素增成。比如“爱”代替［ai］的发音，比如，Tomorrow see you 的错误表达的出现，比如，Student = 学生，等等，在发音、语词、语法、篇章以及语言文化的理解等不同方面，中国社会英语传播到达场中的英语文化，都因为母语的此在，不同程度地添加了汉语言的文化元。

（二）课堂教学汉语文化元的增加

“在外语教学过程中，教师通常习惯于根据内容的深浅，语言的难易选择教材，并认真备课，系统讲解，期中和期末还要编写试题，评估学习效果。实际上，教师按照一定的顺序或某个教学大纲实施教学”[③]。正规的学校教育对语言的教学传播来说，确实存在着许多弊端，社会建构主义理论认为，学习和发展活动是无法被教会的，知识是由学习者自己建构的，而不是由他人传递的。以强调学习者个人从自身经验背景出发，建构对客观事物的主观理解和意义，重

---

① 余强．双语教育的心理学基础［M］．南京：江苏教育出版社，2002：231－232.

② 吕叔湘．中国人学英语［M］．北京：中国社会科学出版社，2005：2.

③ 王初明．应用心理语言学——外语学习心理研究［M］．长沙：湖南教育出版社，1990：38.

视学习过程而反对现成知识的简单传授。而学校教育却注目于“现成知识的简单传授”。

教育学理论中，把学习分成不同的样式，对于学生作为学习者来说，学校的课堂教学更接近于“接受学习”的样式。“接受学习”是在教师指导下，接受事物意义的学习。“接受学习也是概念同化过程，是课堂学习的主要形式”。然而，“在接受学习中，所要学习的内容大多是现成的、已有定论的、科学的基础知识，包括一些抽象的概念、命题、规则等，通过教科书或老师的讲述，用定义的方式，直接向学习者呈现”。因此，学习者通过这样的课堂教授，“不可能发现什么新知识，学习者只能接受这些已有的知识，掌握它的意义”。在“接受学习”样式中，学习者接受知识的心理过程表现为：“首先在认知结构中找到能同化新知识的有关观念；然后找到新知识与起固定点作用的观念的相同点；最后找到新旧知识的不同点，使新概念与原有概念之间有清晰的区别，并在积极的思维活动中融会贯通，使知识不断系统化”①。母语的既在，其实不仅仅是学生在按照固有的思维去比附、理解、把握，作为传播、教授者，也在使用教授母语的方式、方法、教学重点与程序去组织教学。

第二语言的教学状态是：“课堂上，教师通常有意识地和有计划地组织教学，搞语言操练，消灭语言错误，使学生养成正确的语言习惯”②。吕叔湘所指出的“比较”的方法——注意英语和汉语的不同之处，让学习者在这些地方特别小心③，被实际地实施着。

比较的方法有利于第二语言的教学与学习。但特别需要提醒的是，英语教授、传播者常常用汉语言解释两种语言的不同，汉语充当了教学中的媒介语，于是由于中国课堂英语教学传播的汉语化，会使接受传播的学生在以后的思维中，英语语言以课堂情景下教师的汉语讲解不自觉地出现，形成英语的汉语文化情景、图式，使英语学习发生汉语情境化。中国社会中的课堂英语教学传播，就这样为英语文化增添了基于异文化传播产生的汉语课堂语言文化的成分。

---

① 教育部人事司．高等教育心理学［M］．北京：高等教育出版社，1998：138－141.

② 王初明．应用心理语言学——外语学习心理研究［M］．长沙：湖南教育出版社，1990：38－39.

③ 吕叔湘．中国人学英语［M］．北京：中国社会科学出版社，2005：2.

（三）汉语应试元的增加

“根据现代心理学对能力的理解，能力的形成一方面依赖于知识、技能的掌握；另一方面也依赖所掌握知识和技能的类化。在知识技能的掌握过程中，必然存在着先前经验对新的学习的影响，即存在着迁移；而知识技能的类化过程也只有在学习的迁移过程中才能实现。能力的形成和发展是通过知识技能的获得及广泛迁移，从而使这些经验不断整合及类化而实现的”①。在中国社会英语教学传播的过程中，教与学两方面，都自觉不自觉地运用了汉语言对英语语言学习的迁移作用。而在实际效果上，我们发现纵向迁移发挥了主要的作用。

“学习迁移是指一种学习中习得的经验对其他学习的影响”。纵向迁移也叫垂直迁移，“主要指处于不同抽象概括层次的各种学习间的相互影响”。科学地讲，英语在学科位置上，应该与汉语言并列，其意义、作用及系统的建构、概括层次几乎相同，只不过属于不同民族文化的范畴，并担当不同民族文化的语言职责和使命。在学习的层面上，学习英语和学习汉语，应该呈现“横向迁移”的情状——处于同一抽象概括层次的学习间的相互影响，因为其学习内容间的逻辑关系是并列的，抽象性与概括性程度也相当①。然而，正因为是第二语言，当英语进入汉语言为母语的文化环境，英语的功用被削弱。在中国社会的英语学习者那里，英语不仅要受到汉语言无所不在的干扰，并要从英语社会中无处不在转而仅在中国的课堂教学中占第二语言被传播一席，从英语文化载蓄体的混融转而主要使用其跨文化交际功能。并且跨文化交际功能实际上并不能被完全地认知和实践，英语，在中国社会中，更多的是作为考试的一个科目和对象，被广大学习者接受、认识的。

之所以形成学习中的“纵向迁移”，是因为“有的学习内容的抽象性与概括性较高，这些学习内容在其形成的认知结构方面，是一种上位结构；有些学习的内容的抽象性与概括性较低，其形成的认知结构属于下位结构”①，因此人类内在的知识处理系统，使用纵向迁移的方法，以上位的较高层次的经验，对下位的较低层次的经验发生影响。在英语作为第二外语进入中国社会，因为母语的先在和第二语言社会功用的绝对萎缩，还因为中国社会的教育、教学制度，英语在客观及功用上，有了其在英语社会中不一样的面目。仅在特殊场合担当其语言功

---

① 教育部人事司．高等教育心理学［M］．北京：高等教育出版社，1998：138－141．

能，全方位地受到汉语的“前位与上位比附”①。而相对于英语在中国社会中各种各样的功用来说，作为第二语言而存在于各层级不能绕过的考试，是英语文化在中国社会中衍生出的重要和主要的文化元。

如果说课后作业是为了完成课堂英语老师的要求，跨文化交际不是每个人都有能力、有机会实现和担当的未来，那么，存在于中国社会中的英语考试，却是每一个学习者都无法回避和忽视的。在当下的中国社会，除了一部分人从小学高年级开始接触英语，一般说来，大部分学生是从初中开始正式学习英语的。英语作为课程是排在数学、语文之后的第三门重要的文化课程，一直随着学生学习层级的提升，不断地被要求、被考核。中考、高考、考研、考博，以至各种入职及职称考试等，贯穿起了很多中国人的人生。考试要求的不是实际的运用和文化的理解，而是对语言点、语法规则、规律的准确把握。作为语言考试存在的英语，更需要对英语进行文化传播的过滤、择取，而强调记忆的语言、知识点。这正是学校课堂教育中“接受学习”的典型样式。也同时在中国社会的学习者中，极端强化了英语的静止化、固态化、课堂化和书面化。虽然英语文化知识加深了学生对语言的了解，语言如果赋予文化内涵的诠释则更易于接受者的理解和掌握。但英语文化在教学传播中的出现，甚至目前所热衷的任务教学模式的提出，都主要担任了媒介和手段，其最终的目的，都在为了帮助学生通过英语——作为语言符号及系统的各种各样的考试。在过五关斩六将的磨合与适应中，以至于出现经过某学校专门针对英语考试进行强化培训的学生，大部分成为全球 TOFFL 高分得主的情形。

英语作为中国学习者的第二语言，不可能拥有在英语社会中的氛围与条件，而且，当英语进入中国社会汉语言文化场时，其文化功能应该集中简化为跨文化交际功能。这时，为了教育、培养的合目的性，也就是培育接受者符合跨文化交际的需要，才是英语通过教学传播应该努力达成的目标。在文化交际中，意义的完善传达与互动是主要的核心，其行为应该主要是听和说，然后才是读与写。有人配合国家相关的英语教学大纲的修订提出了“任务型教学”模式，要在其英语教学中实现“①准确程度：语法、语言的准确性；②综合程度：语言的综合运用；③流利程度：注意培养学生的语言流利程度”，并欲通过真实语境的模拟，

① 比喻中国社会中汉语在先后与上下状态上对于英语形成的客观、主观的位置。

将语言的习得与语言的应用联系起来，以便在完成教学任务开拓学生的知识面，使语言的输入大于输出①。这些思考不仅是有益的而且是值得探索的。面对英语跨文化交际需要的当务之急，我们需要在教学实践中进行有效的纠偏，并迈出积极实践的步子。

① 龚亚夫，罗少茜．任务型语言教学［M］．北京：人民教育出版社，2003：42.

传播教育教学篇

GAODENG JIAOYU JIAOXUE YU CHUANBO
ZHUANYE RENCAI PEIYANG

浅议传播学实务课程结构、功能与教学

摘要：实务课程的教学结构应以完整、简明和实用的理论讲解，建构互动、互为的专业信息教学场，并在模真实践中，让学生进行亲历、亲为的实际操作，以实现传播学实务课程的功能与教学目标。

关键词：传播学；实务课程；结构；功能；教学

作为社会“公器”之一，学校教育始终应按照社会的要求，有目的、有计划、有重点、有偏向地培养符合一定社会之需的人才。正如有学者所述，大学的教育功能则“不仅是教育培训、培养专门人才，更在于……让大学生的思维能够与人类文明所取得的共同成果保持同一方向的联系”①，21 世纪伊始，人类迎来了以“知识经济时代”与“信息时代”为主要表征的全球化文明时代的到来，而“生产的信息化、知识化、科技化程度的提高”，对进入社会的个人，在知识、能力、素质等方面都提出了新的要求：“生产的科技化程度、智能化程度很高，劳动者的知识、才能在生产中的作用越来越突出，知识创新、技术创新越来越成为经济发展的关键，国际竞争、综合国力的竞争越来越成为科技和人才的竞争。”② 为了适应人类社会新的需要，与人类文明成果同步，进入 21 世纪的高等教育，同样应根据时代的要求，注意培养具有新思维、新认识的专门人才。同时，现代教育理论认为，教育的四项基本内容是学会认知、学会做事、学会合作和学会生存③。为实现新世纪人才培养目标，为社会输送所需合格人才，传播学专业教育应该体现并帮助学生学会并具有一定的认知、做事、合作和生存能力。正因为新时代提出新的教育和专业要求，作为传播学实务课程的教学，其具体内

---

① 夏中义．大学人文读本·简介［M］．桂林：广西师范大学出版社，2006.

② 杨鲜兰．经济全球化条件下人的发展问题研究［M］．北京：中国社会科学文献出版社，2006：115.

③ 吴疆．现代技术教育课程（二级）［M］．北京：人民邮电出版社，2006：2.

容、形式，结构与教学手段以至功能等，值得我们研究与探讨。

一、理论教授——完整、简明、实用

随着人类社会分工的不断细化，专业技能的培养、教育在大学专业教学中的比重，越来越得到更多的注意和加强。实务类课程在传播学课程体系中，不是以理论见长。其最终目的，是要让学生能够学习、掌握相关的实践操作和应对相应社会事务的能力。

但是，我们也应认识到，大学阶段是使学生从通才教育逐渐步入专才培养的过渡。为了让他们能够顺利完成向具有独立社会担当主体的转换，高等专业教育有责任在相关知识理论的继续提供中，帮助其完成在知识体系、思维模式和专业素养等方面的建构。即使是实务课程，以一定的课时，系统讲授相关理论知识是必须和必要的。这是人才训练、培养中重要的智能培育部分。

传播学实务类课程一般在大二以后开设。这时，学生已经完成从中学阶段一般知识的学习向传播学理论基础专业学习的转变。在学生的传播学专业理论学习框架、体系雏形尚在建立的时候，专业实务类课程的有机加入与妥善教学，是帮助其完善专业认识，建构专业认知，培养专业能力与素养的重要步骤。此时，既应有智能的进一步提高，还要有专业技能的开始培训。

实务类课程的专业理论具有一定的特殊性，它与社会具体的工作实践密切相关。在具体教学工作中，以较为完善和完整的体系、框架，整合相关的理论知识，以清晰、准确并具实用性的传授给学生与实务工作紧密贴合的知识点和理论体系，是其中理论部分教学的重点。在实务课堂的理论教学中，实务课程的理论教学无须迁延太多、太深。将相关理论进行清晰梳理，寻找到其在整个传播学理论体系中的准确定位，并将其与教学的对象——具体的传播专业实践尽可能直接挂钩。教学过程中，注意教学体系的完整——为学生建立相关专业知识体系服务；注意教学内容的简明——为学生进入专业实践环境服务；注意教学理论的实用——为学生进行实践操作服务，这是实务课程理论教学应注意的几个方面。

在强调教学的完整、简化和实用等特性中，实务课程理论部分的教授并不应放弃应该具有的深度。围绕实务课程教学着重培养学生的实践性、操作性的目标，此时体现在具体教学过程中的传播学专业教育对人才素养的养成，是通过在一定框架上知识点与理论体系的细致联系与剖析，结合具体的操作实例，致力于学生智力水平的开掘与提高，致力其思维能力的深化与涵育。比如，讲授“媒体组织与策划”课程时，对于策划思维部分的讲解，除通过运用思维导图训练的方式，让其学会将不同的思路提升为策划创意以外，还将横向思维、纵向思维与发散思维联系到具体的媒体策划案例中，使学生在对照和分析中，建立自己思维的网点延伸与建构，触发其思维创新的兴趣和努力。再如，在讲授重大突发事件报道策划时，我们曾结合当时刚发生的“汶川地震”的央视直播，将媒体责任、功能与事件前期、中期、后期新闻报道策划进行有机连接。这样，就综合了学生已有的专业知识，进行富有深度的理性开掘与分析，以帮助他们在已有思维、知识结构的基础上，既具备用创新的理念认识社会实务，学会专业实践的具体操作，也同时完善自身的思维体系与结构。

信息时代的专业教学有自己的特色。实务课程上的理论梳理不应过于芜杂：毕竟是以教会学生进行实践和操作为目的，而不是培养相关理论的研究人才。因此，清晰地梳理、简化课程的理论教学框架，有效剔除离课程内容太远的“冗余”（繁杂易导致学生专业信息接收时信息溢出或混乱），并在与实际实务的深入和密切联系中，提升学生相关的专业思维能力和深度思考能力，这是传播学实务类课程教学可以实现的教学效果。

二、信息提供——建构、互动、互为

传播学专业与文、史、哲注重理论的专业不同，与工科类注重实践的专业也不同。介于两者之间的传播学学生的专业培养，既要有一定的理论深度，以便他们在社会事务中有深度地观察和思考问题，又要有一定的实践操作能力——传播学学生将来要具体担负人类社会的信息传播工作，其间是以具体的富有操作性的实际工作实现的。除此之外，传播学专业的学生还必须具备一项素质或能力：为了更好地从事将来的信息传播社会实践，实现作为信息传播工作者的职业功能，他们需要拥有超强的社会信息捕捉能力。其中，成为对相关信息敏感、知晓信息动态、把握信息走向，甚至自身就是一台具有超强集纳、存储、分析功能的主动的信息筛选、承载、传输仪器，这是我们进行传播学专业人才培养时，必须予以培育的传播学学生的重要素养之一。

如何在传播专业的实务类课程中，有效地培养学生对信息的敏感度和对信息的吸收、把握能力，以实现对其职业素养的培养？在具体的教学中，我们认识到

"场"的重要性。所谓场是人、事物与环境的交互空间，人在一定的环境中感知事物，并由此涵育出一定的能力，同时，"环境只有被人感知、与人的需要发生联系时才具有意义"①。人只有在与事物、环境的交互作用下，才能不断地获得经验，并潜移默化地获得认识与能力的生长。通过课堂的教学环境、环节和主体的不同参与等的有意设置，实务课程可以建立与教学内容及方向紧密相关的动态的专业信息传—受场。人、环境既有着相辅相成的作用，对于传播学专业教学来说，可以通过对一个相关人、事物和环境结构的"场"的建设，最大程度地培育学生信息感知与分析能力。

比如，在"媒体组织与策划"的教学中，除了教师在理论教学中大量引入实际案例以外，拿出一定课时，让学生参与提供相关媒体策划案例及分析，并在一定的规则下，分别做主题发言，成为这门课的有机组成部分。这样进行教学互动和参与的直接效果，首先是激发了学生主动学习的热情，而以平等的信息提供者的身份，使每个人的知识储备和积累，都可以丰富并建构教学"场"，实现对相关专业信息尽可能地提供。这样的教学设计与安排，在把握和顺应时代文化潮流和教育趋势的情形下，为学生建构起一个学习的有利"场"境，从而辅助并促进了专业人才培养目标的实现。而人类需要及时对自己生存的境遇有所反应，在充分知悉环境的情形下，准备并最终具备应对的能力与方法。这是每个历史时期，人类的个体及群体，获得对"我是谁""我从哪儿来""我向哪里去"等终极哲学问题答案的基础。而在当下世界中，信息更成为人类把握世界的重要元素。对于专业实务课程的教学来说，在有机建立的教学信息"场"中，师生在共享专业信息的过程里，可以了解专业动态及走向等，同时也能获得更多专业实践里所需的有利于自身生存和发展的信息。

另外，面对知识经济和生态文明的当前现实，现代教育理论告诉我们，教学内容已朝这样的方向发展："注重学生创新精神和创造能力的培养""注意教学内容的先进性和针对性"，以及"注重教学内容的整体性、全面性和大容量"②。而建构主义教育理论更明确地指出：教学模式应该"以学生为中心，在整个教学过程中由教师起组织者、指导者、帮助者和促进者的作用，利用情境、协作、会

① 张宇丹，孙信茹．应用电视学——理念与技能［M］．昆明：云南大学出版社，2003：298.
② 吴疆．现代技术教育课程（二级）［M］北京：人民邮电出版社，2006：8.

话等学习环境要素充分发挥学生的主动性、积极性和首创精神，最终达到使学生有效地实现对当前所学知识的意义建构的目的”①。现代教育技术的飞速发展，使教师与学生角色甚至地位发生变化。教与学的内容与形式，教学的方式、方法理所当然需要随之改变。

其实，像传统教学方法那样完全由教师满堂灌的形式，已经不符合现代教育的要求，也不符合现代教育对象——学生的学习兴趣与规律，以至于无法满足学生的学习需要及社会对人才培养的需要。而传播学专业本来就是在诸多学科的嫁接中产生并成长起来的新兴学科，其涉猎的学科理论丰富，所要面对的实践层面芜杂，所需知晓的信息纷乱，又是处在不断发展变化的动态成长中。单靠教师在课堂上提供相关专业信息，像在“媒体组织与策划”课所需的，如具体的媒体运作案例，新媒体技术变化及效用等，是有一定局限的。因此单纯的教师讲授，容易使相关教学的信息场不够完备、完善。而学生作为教学的中心，其特点是志趣广泛，吸收新信息快、获取新知识迅捷。于是，在相关教学过程中，有机地融入学生的力量，鼓励其对课堂专业知识、信息场的参与与共建，能够有效帮助教学信息场的建立与丰满。正是在教师与学生的共同主持、参与、互动以及互为中，动态的专业信息传—受场的形成，能帮助学生加强拥有、掌握的专业信息的质和量，能进一步提高他们的专业智能，为其专业技能的发展，提供丰富的信息储存及资料参照，而最终培育出学生的专业素养及实践操作等相关能力。

三、实践操作——模真、亲历、亲为

教育是长期的教与学相长、教与育相连、学与育互成等环节与片段的链接过程，是一个需要行为与涵育互为互助的显形与隐性并在的氛围与环境。当前，在直面全球化给予个体的发展机遇与提出的更高要求时，培养具有创新思维和创造能力的人才，已经成为时代的迫切需要。大学教育在专业技能的培育和训练在加强。

具体教学行为与动作的发生、生成与结构、实现，能显现出信息在其中流转而最终获得增值的完成。传递什么样的信息，最后获得增值的也将是什么信息。为了实现现代教育的宗旨，满足社会对创新人才的需要，创新教育是实务课程教

① 吴疆．现代技术教育课程（二级）［M］北京：人民邮电出版社，2006：8.

学主动的选择。传播学实务课程教学在注重培养学生实践操作能力以外，亦需要加强人才的创新思维、创造能力的培育。

所谓“创新教育”，就是培养具有创新思维与创造能力的教育活动。所要培养的人才应该：①具备足够的基础知识；②具有实际的操作能力；③具有掌握和运用有关信息技术的能力[①]。在传播学的实务课程教学中，是可以通过有意识的教学引导与教学手段的实现，对创新人才以上三方面能力培养实施和操作的。

理论及信息场的提供与培育，可以使学生获得相关基础知识。而在学习中实践，在实践中学习，良好的互动，可以帮助学生掌握相关理论、运用专业技术。传播学专业与信息技术不可割断的联系，使传播学的实务课程，可涵育出学生熟练掌握及运用信息技术的思维与能力。于是，设计与传播学专业相关的社会实践类似的情境，让学生在近似真实的实践中，完成具体的项目，在亲力亲为中，培养学生的专业运作能力，并激发和培养出其创新、创造能力。

在首都经济贸易大学传播系2006年“媒体组织与策划”课程教学中，有一个由教师主导设计的实践操作环节：将学生分组，组成模拟公司，按照媒体公司的一般运作方法，在一个学期中策划并操作完成一项大型媒体活动。其间，教师仅承担顾问工作，具体的活动组织实施，包括去企业申请赞助、向上级申请资金或场地支持等，均由项目小组自行完成。这就使得学生在模真情境中，熟悉了公司就具体项目在人力调配、资金使用、社会公关、项目策划和执行，以及项目营销等方面的组织、运作程序及方法。在实际的运作过程中，学生得到了全面而综合的锻炼，他们的创新意识得到激发，创造能力得以实现，具体的项目策划和运作能力，得到了实际的训练与培养。通过在模真情境下的实践操作，他们自主学习，在亲身体验、参与中，获得了实际、鲜活的专业操作经验，并培养和训练出一定的创新思维能力。由此，实务课程的教学也完成了对传播专业学生处理实际事务的能力、动手运作能力和创造能力的培养。

传播专业实务课程的特殊性，使得其教学内容形式以及教学结构和方法等，需要有创见的设置与安排。为了实现课程的具体功能和教学目的等，在相关内容的教学设计中，可考虑将不同的课程内容以一定的比例进行教学安排，如：理论

---

① 吴疆．现代技术教育课程（二级）［M］．北京：人民邮电出版社，2006：3.

教学40%，信息提供30%，实践操作30%。其中，以理论讲授和信息提供培养学生的专业认知能力；在信息场的建设里，了解专业信息及专业发展环境；通过实务操作，则学会做事、进行合作，提前培育学生适应未来工作的专业生存能力等。一个全球化时代的到来，使人们需要适应社会并提升自己，以“为经济全球化提供最可靠、最根本的发展动力”①。人才培养始终是教育的头等大事，而在传播学专业的人才培养中，尤其还要着重对创新、创造能力的专业人才的培养。通过对实务课程具体教学功能的把握与设计，我们可以努力实现这一点。

① 杨鲜兰. 经济全球化条件下人的发展问题研究［M］. 北京：中国社会科学文献出版社，2006：379.

论基于市场需求的专业类院校传播系课程体系设置

摘要： 兼顾综合性、体系性、专业性、方向性，专业类院校传播系课程体系设置，应考虑学校、学院和系内资源合理配置和人才市场需求，通过公共基础课程体系的完善，培育学生的基本素质；通过学科基础课程体系的设置，培养学生的专业素养；通过专业课程体系的建设，打造学生的专业能力，最终建立适合各院校在专业、人力、方向等资源最佳配置的独到课程体系。

关键词： 课程体系；人才培养；人才素质；专业素养；专业能力

社会文化的变迁带来教育结构的变迁。信息社会的来临显现出的是人类对信息的需要，让信息经济形成，并在不断地加强及发展中，成为规模、成为潮流、成为重要的社会行为。尤其在20世纪中出现的网络信息技术，更带动了一种以信息为核心的人类社会文化新的面貌的增强与革新。于是作为社会公器之一的大学教育，在与社会现实的呼应与匹配里，传播学专业的科学设置不仅是需要，还是必要和必须。

信息的覆盖领域是遍及人类社会各个领域的，于是，与人类社会实践的不同行为层面相结合，从事信息传播技能与知识培训的传播学专业的方向，也由此有了不同的走向。在全国现在的高等教育传播学专业的设置与建立中，我们看到除了综合性大学的传播学专业更兼顾系统而专业的传播学理论教育以外，另外的非综合性高校多结合自己学校的专业特色，设置出具有特定取向的传播学专业方向。其中值得提出讨论的是财经类院校设置的具有财经专业特点的传播学专业方向：经济新闻、媒体经营与管理等。正在成为当下人类社会显学的传播学理论，在社会经济生活中已经有了重要的意义，并已经具体结构为社会中的重要经济现象，于是，与经济、管理等学科进行结合所呈现出的新的传播学专业方向，也由此成为大学教育与社会即时配合的一种现实，并具有探究的价值。

从高等教育新闻传播系发展的一般情况分析，1994年以前，全国新闻学类专业点仅有66个。根据教育部高等教育司提供的最新数据，目前中国新闻学类专业点已达661个，在校学生达13万人左右。而在这些高校的新闻传播学专业中，约有30～50所是由财经、工商类大学创办的媒体经营管理、财经新闻方向或经济新闻方向或广告学专业，比如，中央财经大学、首都经济贸易大学、北京工商大学、哈尔滨商业大学等。

相比于以复旦大学、中国人民大学为代表的新闻专业设置较早，已形成稳定教学体系与方法的高校来说，财经类高校传播学方向的专业创办时间一般在新世纪开始以后。由此，财经类院校设置的传播学专业的教学普遍存在教学体系、课程体系设置不完备的情况。因此，严重影响了人才培养所需要实现的差异性和个性化要求，这不仅不能适应发展迅速的财经类高校新闻传播专业的教学形势，而且也与当时创办这些专业或专业方向的初衷相悖：不能与社会需要紧密配合，也无法满足社会对紧缺相关人才的培养需求。随着财经类高校新闻传播专业开办时间和教学实践经验的积累，相关院校一直在努力。财经类高校传播学专业教学要避免人才培养的“两张皮”，让经管＋新闻＋传播的现象逐渐消失，以便学以致用，适应财经类传播学专业方向特殊人才的培养需要。在这样的现实面前，研究和建设有特色的财经类新闻传播学课程教学、课程体系，成为我们的一个课题。

对比于综合性院校的传播学专业方向：大众传播学、国际文化传播等，财经类院校设置的传播学专业方向更具体，更面向社会实践，也更在教学过程中要求某种特殊技能的养成。这是专业取向所造成的必然面貌：基于各自的教学资源优势，中国人民大学、复旦大学的传播学专业教育理所当然会强化学生理论功底的奠定和知识体系的建设，中国传媒大学则结合广播、电视媒介实践所需，加强学生广电从业专业技能的培育。而财经类院校的传播学专业方向应该强调学生在媒介经济活动中具体操作能力的养成。在此，如何实现各自的教学目的，以使自己的专业方向既基于传播学专业体系基础，又面向自己人才培养的特殊要求，并彰显自身人才培育中不可他代的功能与个性，是从事具体专业教学活动的教师所必须予以重视的一个环节。

本文以新闻传播系“媒体经营与管理”方向为例，为打造具有财经特色和媒介经济活动相关技能培养的课程体系的建设，进行一次浅显的梳理和思考。首都经济贸易大学规定的课程体系，是以公共基础课、学科基础课、专业课和专业选修课四大板块构成的体系，在进行“媒体经营与管理”方向的课程体系的设置中，具体课程的设立充分考虑到了学校、学院和系里的资源存在的基础，分别围绕着以下目标进行了相应的配置，形成了新的课程体系。

一、公共基础课：人才素质培养

在这一板块中，课程由学校根据国家教育部的有关规定制定，主要由高校公共课组成：政治思想理论课、计算机技术基础教育课程、公共英语课、体育课。这些课程的设置显然体现出政府对高等院校所培养的人才提出的基本要求。这些课程的设立，分别在思想素质、体能培养及基本知识素养的准备——全球化时代的外语能力、网络时代的计算机技能等，进行了硬性规定。这是保证高等教育在全国不同高校、不同专业的人才培养中，能在基本素质培养上具有某种一致性的表现，其中体现出的是中国社会人才培养要求的特殊性和国家要求高等教育人才培养素质的基本性。

在这一板块中，在课程学分允许的范围内（首都经济贸易大学在公共基础课所允许设置的学分在60分左右），我们还加入了针对“媒体经营与管理”专业方向培养人才时，必须具备的进行基本人才素质培养的相关课程。如“中国文学”“外国文学”“社会学”“经济学原理”“管理学”“市场营销学”“逻辑学”等。我校“媒体经营与管理”方向的毕业生取得文学学士学位，这使我们在设立相关课程中必须结合进一定的文学元素，何况文学课程还是从事新闻、传播工作的人才不可或缺的基本素养，并是培养学生具备一定人文素养的必需。“逻辑学”是新闻传播人才培养的素质所需；“社会学”是从事媒介社会活动人才培养的必需；“经济学原理”“管理学”“市场营销学”则是开展基本信息经济传播活动的人才的基本学养。这些课程为学生基本素质的培养奠定了较为宽泛的基础。

二、学科基础课：专业素养培养

学科基础课中的课程设置偏向于对传播学学科基础理论和技能的给予和灌输。由于这一板块规定为30学分，我们设置了32学分，包括“新闻学概论”“中国新闻史”“外国新闻史”“新闻写作”“传播学概论”“中西文化比较”“跨文化传播”“广告学概论”“影视传播学”“摄影与剪辑”在内的10门课程。

虽然是“媒体经营与管理”方向，但其属于传播学专业的基本定位，规定了其基本的“基因”构成：新闻传播学作为专业的学科出发点，相关的新闻学、传播学理论与专业史、专业技能，应该是保证我们专业方向的根基。另外，诸如“中西文化比较”与“跨文化传播”课程的设置，一则因为我们在此方向上的传统和教学资源的优势，二则是在进入专业的具象培养前，我们应该让学生懂得：专业方向是新闻传播学科中的分支；新闻传播学科则是人类社会文化中学术或行业等的元素。文化的更坚实的懂得，会建立学生的学科视野与专业深度。另外，“摄影与剪辑”课程的设置主要考虑到当今社会录音、摄像技术成为泛性的技能与传播基础，即使是“媒体经营与管理”专业方向的人才培养，只要从事与信息传播有关的工作，摄影、摄像与剪辑技术已经成为必备的技能准备。因此，这个板块的结构兼顾了学科理论和技能的基本层面，并结合进了我校特有的资源预备，于一定程度上体现了新闻传播学及首都经济贸易大学新闻传播系的专业及资源特点。

三、专业课：专业能力培育

专业课板块是凸显和打造专业方向、特色的课程系列。我们在学校所规定的25学分以内，共开设了9门课程。

“传播学研究方法”“专业外语Ⅰ”“大众传媒法”强调的是对专业方向人才素养专业能力的培养与培训；“媒介经营与管理”“新媒体产业运营”是专业方向基础理论的梳理与教育；“媒体运营实务Ⅰ”“媒体运营实务Ⅱ”则是我系专门打造的专业特色课：区别于其他专业方向，诸如“国际文化传播”“财经新闻”“经济新闻”等，“媒体经营与管理”方向所培养的学生到底具有怎样独特的专业能力？我系培养的学生到底有怎样不同于其他学校该培养方向学生的专业能力？“媒体运营实务Ⅰ”与“媒体运营实务Ⅱ”两门课以一个学年为时间段，在学生本科学习的第三年，是以一定的项目活动任务为中心，围绕项目进行校内实践运作的实务课程。本课程从具体媒体项目招标开始，学生分别以不同虚拟媒体公司为实践和“运营”单位，在项目策划书制作、项目活动实践和项目产品实现、项目产品营销等实践环节，进行完全拟真的操作。这门课程的主要教学目的，是与社会需要相结合，培养出学生真正的媒体公司实操能力。另外“国际谈判与协商”是增强学生在全球化背景下，作为未来的“媒体经营与管理”者在公关事务中的实操能力。

四、专业选修课：专业个性打造

根据首都经济贸易大学课程体系修订的具体规定，相对减少学生的上课时间、增加学生选课范围，成为打造专业方向特色时遇到的一个环节：突出专业方向的特色，意味着专业方向的课需要选准，另外，在不能保证精选课程推出的情形下，有时多开设专业方向课，是一种“以量胜质”的替代办法；减少学生的上课时间，则使得“以量取胜”的方法受到限制。与此同时，还要注意增加包括相关选修课程和基础选修课程模块。专业方向课的数量在我校保证45学分的选修课，学生完成30学分即达标的规定下，呈数量绝对值减小。这是我们在进行“媒体经营与管理”方向的课程体系设置时遇到的问题。

我们也意识到，在这样的规定下，如果能选好要开设的课程，恰恰为专业特色的打造创造了条件。以前的体系更多地集中在传播学专业方向课程的选择、开设上，而现在的硬性规定，使我们的眼光可以更多地关注到那些从前被忽视的学校其他特色资源上来。比如，首都经济贸易大学在财经、管理等方面，有着雄厚的教学资源；学校的人文学院，则有文、史、哲方面的师资配备。于是，在学校硬性规定和我们有意的安排之下，45学分的专业选修课中，我们分成四个模块：第一模块是基础选修课程，设计共6个学分的“货币银行学”“会计学原理”“统计学”，要求学生选其中的两个学分，这个模块为“媒体经营与管理”方向的学生增加了财经方面的知识基础；第二个模块是专业理论选修课程，如“广播电视经营与管理”“国际传播学概论”“文化产业动态与个案研究”“专业外语Ⅱ”“广告经营管理”“西方传媒法”，这个模块提供了15学分的课程，让学生根据自己的意愿选择其中的13学分；第三个模块则是专业实践选修课程，由“电视编导”“报刊编辑学”“视听语言”“品牌设计与传播”“数字媒体技术与运用”组成，共16学分的课程，学生可选择其中的9学分，以满足学生在专业实践课方面更多的需求；第四模块是相关课程选修，考虑到学校和学院的资源，设置了四门课——“社会心理学”“组织行为学”“公共关系学”“国际关系概论”，让学生以1∶2的比例选课。

从我们已经成形的选修课程的设置看，体现出一种人性化——学生拥有了更多的选择权；体现了教学体系的广度——使专业学习有了一种面上的延伸，符合现阶段社会文化发展的趋势和样态；体现出专业方向的强化——深度虽然主要由专业课的精选来实现，但是对专业方向的特色巩固与呈现，只有在专业选修课的设置中，才真正得到了建设。我们在课程体现设置的过程中意识到：专业选修课是我们财经类高校所设立的传播学专业呈现个性的地方——专业方向的特色，学校、学院不同的特色，恰在专业选修课的设置中能够实现。

财经、新闻传播学、财经类传播学专业方向，诸多元素的各自不同，令我们在进行具体的课程体系设置时不能强求一致。兼顾综合性、体系性、专业性、方向性，我们首先要保证系统的新闻传播理论的教育——这是内核，也要凸显不同学校中不同专业方向的个性与特色——这是外延，必须通过相关的研究，建立适合各个专业院校新闻传播系在专业、人力、方向等资源上的最佳整合，实现独到的课程体系。另外，随着时代的发展，新的人才市场格局也在形成。如何在建设完善的课程体系的基础上，进一步有阶段、有重点地打造符合新的人才培养需求的阶梯性理论与实践课程设置，也需要在具体教学实践中动态地予以实施和实现。比如，围绕着新的传播人才培养要求和大学生就业的实际状况，在一二年级的专业理论、专业实践的基础培养之外，三年级设定具有更多选择性的专业课程供具有不同专业发展要求的学生予以选择，或为进一步深造所设置的理论体系的延伸，或为从事专业工作所设置的实践课程的加强。总之，专业课程体系的完整打造，是需要在保证相对完备的体系性基础上，适时地根据社会进程和人才市场、人才培养的需要予以动态而灵活的调整与完善的。这才是当前由网络媒介所体现并促成的飞速发展中的人类社会所需要的，大学（包括传播学在内）专业课程体系设置及教育体系建设应该具备的面貌、状况。以首都经济贸易大学传播学专业建设为例，我们看到了这种可能。写作本文，希望为全国性财经类高校新闻传播专业，建构起一种可持续存在的专业建设与发展的参照。

创新实验教学体系、模式与方法

——以首都经济贸易大学传播学专业实验教学为例

摘要：首都经济贸易大学传播学系在实验课程体系建设中，注重纵向课程内容、多样性课程形式和体系标准进阶的设置；在实验教学模式建立中，形成了教学与实验一体化、教学与培训一体化、教学与社会实操一体化三种模式；在实验教学方法探索中，形成了“场境设置”“项目带动”“虚拟公司”“引入比赛”“分享”等教学法。

关键词：传播专业；实验教学；实验课程体系；实验教学模式；实验教学方法

首都经济贸易大学是一所以经济、管理为优势学科的高等学府，首都经济贸易大学传播学系（以下简称传播系）在进行专业申报时，就将新闻传播学与营销学、管理学结合起来，定位于培养媒体经营管理方向的传播学专业人才。考虑到学校的整体定位，结合当代人才市场对大学生应用能力的培养要求，综合了传播专业人才培养特性，经过 8 年的教学实践，传播系积极探索，创新性地形成自己的实验教学体系、模式和方法，从而为培育创新型、应用型传媒经管人才提供可资借鉴的经验与思路。

一、融合并构建传播学专业实验课程体系

传播系在其实验教学工作中提出的理念是：“教学与实验相结合，实践与人才素质培养相结合，人才素质培养与市场需求相结合。”

这一理念规定了传播系专业实验首先要考虑专业教育与人才培养，应顺应人才市场的需要。由此规定了具体的实验教学，必然强调专业教学及专业技能培养应与行业实践的发展同步。由这样的理念统领，传播系教师努力创建渐进而富有层级的从基础实验到综合实验，从课内实验到课外实践，从校内实训到校外实习

的专业技能实践培育体系。专业实践能力培育被放在与专业理论教学同等重要的位置，其中，完善人才培养方案中的课堂实验教学体系是相关工作的基础。

实验教学在学校发展、办学指导思想以及人才培养目标中的位置就是实验教学的定位。以培养“国际型、复合型、应用型、管理型高级传媒人才”为目标，我们将实验教学建设作为自己的办学特色。在整个教学体系设置中，要求在提供学生综合把握传播学专业基础技能的基础上，强调学生的媒体管理、运营等能力的综合培养，以形成我系在人才培养方面的竞争优势。

我们正在精心打造并建设自己综合的实验教学体系。

首先，运用传媒实验教学中心平台，为传播学专业学生或志愿从事这一专业领域工作的学生积累校内实践经验。在传媒实验中心，学生可以充分利用专业课、专业技能讲座，以及各种社会活动或为北京市媒介产业实体、机构提供的项目服务，在实验室内外、课程内外和学校内外将理论与实践进行有机融合，帮助学生积累实践经验，使其能更顺利地进入社会，以具备作为专业传媒人才的竞争能力。

其次，在以技能培养为核心的基础性的认知实验教学外，我们更强调策划与管理、团队合作与协调、沟通与表达等方面素质和能力的培养，从而使综合素质得以提高、创新能力得以加强。

再次，在具体的教学实践中，我们围绕传播专业人才培养的规律，进行着传播学实验课程体系的如下设置：

（1）对每门课程内容进行纵向设置。学生按照媒体实践的流程，在每门课集中掌握传统大学四年才能具备的相关媒体产品生产的技能。

（2）对每门课程的形式进行多样性设置。以案例分析、案例讨论、案例实践等方式，实现课堂实践与专业职场实践学习的同步性。课程体系的创新性设置。以课堂内实践、课堂外培训相互配合，及时更新和培育学生的专业实践知识和能力。

（3）专业实验课程体系根据基础技能——小组技能综合实践——虚拟媒体公司创新实践的标准进阶进行设置，以在四年中逐级将学生领入专业职场的门槛。

在我们的实验教学中，特别值得一提的是将每个班级设置为一个虚拟公司的组织结构，在坚实学生相关技能的基础上，通过项目招标、项目投标、项目策划、项目管理、项目执行、项目营销，让学生得到全程的培养，亦可在其中找到自己更喜欢和更适应的人才定位。引入媒体产业生产流程的全真训练，为传播专业的学生就业奠定了基础。

二、确立并创建实验教学模式

根据以上的理念和定位，我们已经确立并形成了三种稳定而有效的实验教学模式。

（一）教学与实验一体化的实验教学模式

教学与实验一体化的实验教学模式是指传媒实验教学遵循专业作业流程规律，对教学与实践进行拟真设计的实践教学过程（见图1）。

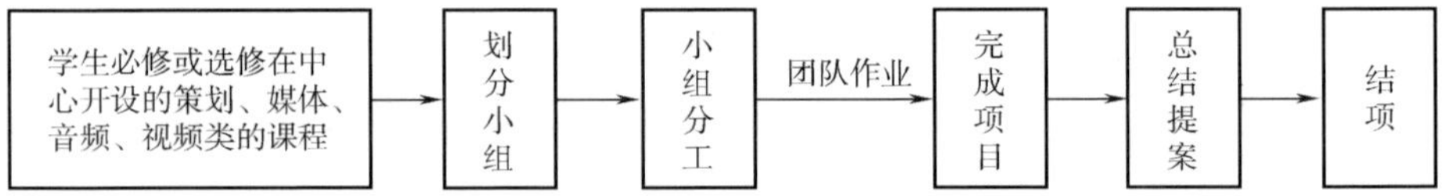

图1　教学与实验一体化的实验教学模式

这一实践教学模式是我们实验教学环节主要的教学组织形式。

在这一模式中，通过小组分工、各司其职，团队协作、共同作业，提交总结和完成项目等环节，使学生在学习和实践专业技能的同时，锻炼其管理能力、协作能力、沟通能力、表达能力和项目运作能力，并同时培育学生的思维能力和创新能力。由此在媒体基本专业技能得到训练的基础上，实现学生综合素质的提高。

在“教学与实践一体化”的实验教学模式中，按照传播专业实践运作规律，对学生进行分组，实行团队作业。在这个教学环节中，让学生在专业实践全真环境的设置中熟悉专业实践的每个流程，同时在知识传授基础上培养和锻炼学生的管理组织能力、分工协作能力、沟通协调能力。通过具体的教学过程，培养学生的创新意识，培育学生的创意素质，使其能够将自己的思考能力转化为策划能力。经过这一实验教学模式所构成的教学组织形式，可以使学生综合素质和能力得到很好的培养和提升。

（二）教学与培训一体化的实验教学模式

教学与培训一体化的实验教学模式是首都经济贸易大学传播系结合专业人才市场的要求，在教学与实践中引进社会实操项目，实现对学生的专业技能培养与社会实践要求对接的实验教学过程（见图2）。

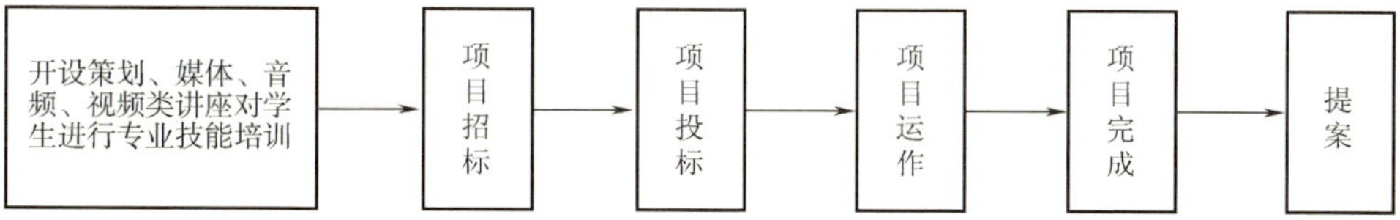

图2　教学与培训一体化的实验教学模式

这一实践模式是传播系为促进学生就业，特别开展的富有特色的实践教学形式。在具体的运作中，主要依托学校与学院社会活动项目多、北京市传媒资源丰富的特点，将社会实际要开展的活动或媒体项目引入学生的实践教学。通过项目招投标，执行、运作项目，直至项目的完成和总结，使学生参与真正的社会实践，以培养真正的符合社会需要的实用型专业人才。

在“教学与培训一体化”的实验教学模式中，以课堂内的媒体小组和课堂外的媒体虚拟公司为主要组织形式，分别让学生直接参加学校及媒体机构的项目运作及生产，使学生在具体的媒体实践中进行专业技能实操，提高学生传播专业技能的综合运用能力，加强和培育学生的专业素质，使其创新能力在实操中得到肯定、创新信念得到巩固。

三、探索并创新实验教学方法

在实验教学理念、教学体系和教学模式得到确立的基础上，我们还要求实验教师保持与专业发展、社会需要的同步，在与市场相结合的过程中，以开放的心态和兼容的胸怀，注意与国际接轨，不断探索特殊的实验教学方法。现已形成并具有良好教学效果的教学方法有：场境设置、项目带动、虚拟公司、引入比赛、分享等教学法。

（一）场境设置教学法

教学上除了实验教师以大量案例进行媒体实践的分析研究以外，让学生自行选择正在发生的最新的媒体案例进行分组提案，形成课堂教学中的专业“场”，使学生更多地置身于传播实践的环境里，培养其专业感觉。另外，还通过大量引进业内专家出入课堂内外的讲座或指导，使学生持续而直观地感受专业“在场”，促进其专业感觉的不断生成。

（二）项目带动教学法

规定并要求学生完成具体实践任务。我们在专业实验教学课程中，很多项目都由实验教师进行具体目标和目的的设定。有一些课程的实验教学环节的设置，会要求学生对自己将要开展项目的目标予以清楚的了解，并在对具体任务自行接受的情况下，在规定的时间内，以“策划项目—操作项目—完成项目—汇报”为流程，让学生进入实践环节，在策划、操作、完成项目的进程中，进行专业技能的具体实践，帮助并促进其专业技能的提高。

（三）虚拟公司教学法

在实验教学课程体系中，我们专门设立了“媒体公司运营实务”课。这门课主要从社会上引进具体的媒体项目，让学生以虚拟公司的组织形式，自行完成项目的策划、产品的生产、产品的营销、“公司”的管理与运营等工作，使其实际地进入真实的社会活动参与和媒体实务操作。另外，我们还成立了以实验教师为主导、学生为主体的传媒实践中心，以在课堂外，帮助学生更多地介入到社会实践中去。其运作过程是学生根据自己的志趣进行自主选择，在项目的参与中加强自己的专业实践能力。

（四）引入比赛教学法

在课堂实验中，经常要求分组的学生在规定的时间内完成相应的作业，然后进行记分、评比，以在竞争的状态中激发学生的创意能力。同时，在每个实验项目结项时，进行项目成果的年级展示与评比，在一个学期结束时，对班级和年级的实验成果再进行总结和评比。比赛机制的引入，一定程度地激发了学生参与实验教学的积极性。

（五）头脑风暴教学法

从事传播学系媒体实践的学生，需要具备一定的创意思维能力，因此，我们的专业实验教学必须注意到对学生创意能力的培养。贯彻于具体的实验教学，比如在“媒体组织与策划”的课堂上，教师通过引入思维导图的训练，让学生能够学会运用不同思维进行创意和媒介产品、项目的策划；通过头脑风暴，让学生进行创新思维的训练和创意的激发，促进其在发散思维的不断碰撞中，就具体产品的形成和项目的操作，形成更好的方案，同时，又帮助学生熟悉各种媒体项目的策划过程。

（六）分享教学法

实验教学的效果必须通过学生实验技能的提高和成果的实现来体现。所以，学生是否能积极主动地参与并实践，是传播专业进行和完成实验教学的重要组成部分。因此，我们大量地运用分享教学法，以实现实验教学的效果。分享教学法，就是让学生从被动转向主动，在学生自行策划、运作项目的过程中，一面获取相关知识、掌握实践方法、提升专业实践能力，一面在项目完成后，让学生以汇报、演讲、展示等方式进行密集的相互交流和经验分享。在“媒体组织与策划”课程的实验中，设置有几个项目的招标、投标、项目运作的环节，在每个项目结束后，学生都将以小组的形式进行提案汇报，并汇报在项目实践中个人的体会。这样，既能及时地促进学生实践技能的更好掌握，同时，基于每次项目实践也是对学生专业能力培育和身心成长过程的认识。

首都经济贸易大学传播系建立起了富有特色的实验教学体系、模式和方法。除此以外，我们还特别探索并形成了以下三个实验教学层次：第一，基础实验——主要对专业基础技能进行系统的教学与培训；第二，综合专业实验——主要通过分组参与项目、活动等，使学生在拟真和实际的情境下，完成专业技能的综合培养；第三，创新能力培养实验——通过虚拟媒体公司的建立和项目策划、操作的实施，造就学生创新能力的养成与提升。三个层次的实验教学中，我们所注重的一面是让学生悉数掌握专业技能，一面能够不断地激发和释放自己的想象力，以在策划、设计、管理、运作和宣传、营销等实践环节里，体现出创新的意识和能力，并最终实现自己的创意。这是我们进行实验课程体系、实验教学模式和实验教学方法建设的终极目标，在互为呼应、综合而灵活的实验教学体系、框架的构建里，在有层次并循序渐进的实验教学中，在有目的、有重点、有特色的教学方式中，使学生创新素质不断提高、创新能力最终养成。

基于以上几点，我们的实验教学正在取得较好的效果，并正在形成自己学科发展的个性特色，为培养出符合专业和社会发展需要的媒介经营与管理人才，进行了实验教学上的配合与准备。

以能力培养为导向的传媒专业实践教学体系研究

——以首都经济贸易大学传媒经管人才培养为例

摘要：首都经济贸易大学根据传媒经管人才的培养要求，建立了基本技能、综合素质、创新素质、创业素质四个实践教学层面，建设了基础、综合、创新能力培育三类课程，建成复合型、应用型、传媒经管人才专业能力培育体系与平台。

关键词：传媒经管人才；实践；能力；平台体系

根据我校培养具有国际视野的应用型、复合型人才的定位要求，在认真研究传播学专业人才培养规律和社会需求基础上，传播学专业遵行实验教学中“教学与实验相结合，实践与创新素质培养相结合，创新素质培养与人才市场需求相结合”的“三结合”方针，建立自己的专业实验教学体系。

一、实践教学体系建设的四个层面

（一）分为四个层面

传播学专业培养在媒体经营管理领域具有较强专业功底、实践能力和创新能力的人才，主要着重培养的能力为：传播市场调研分析能力、新闻采编能力、媒体策划实施能力、整合营销能力；具备较高的语言表达、社会协调及人际沟通能力；具备数字媒体环境下媒体策划、营销策划、品牌策划、公关策划等整合传播能力；熟练掌握一门外国语，熟练掌握计算机应用技术；熟练运用现代传播技术从事传播活动；能胜任国内外传媒组织、新闻媒介、政府机构等企事业单位的媒体策划、组织、管理和运营工作。实践教学体系的建设要围绕以下四个层面。

1. 基本技能方面

使从事传媒行业的学生全面掌握摄影、摄像、录音、电视编辑和平面设计等课程及应用工具，为综合实践打下基础。

2. 综合素质方面

电视访谈节目涉及前期策划、资金运作、脚本设计、采访编辑、拍摄制作和后期合成等环节，通过实验，掌握电视节目编导流程。在以技能培养为核心的基础性认知实践教学基础上，通过教学与实验一体化，教学与培训一体化，教学与社会实操一体化的教学模式，培养学生的策划与管理、团队合作与协调、沟通与表达等方面的素质和能力。

3. 创新素质方面

学生可以参加实践课程，专业技能讲座设计的各种项目，各种实践活动或媒介机构委托中心开展的项目服务，为培养学生传媒专业能力和素质提供必要平台，帮助学生积累实践经验，提高择业和就业竞争力。

4. 创业素质方面

通过组织学生参加实践操作课程，业内专业人士讲授的高水平讲座等方式，使学生掌握自主创业、实现自身价值的基本技能和技巧。同时，课外实训让学生可以了解最真实、最直接的行业动态，从而培育出学生成功创业所必须的职业技能、素质与素养，使其先行具备从事专业工作的先进理念和社会视野，进而增强学生创业的自信心。

（二）建设三类课程

以“锁定目标、培养能力、统筹规划、分层教学”为原则，以学生为本，融知识传授、能力培养、素质提高、协调发展为一体，以创新能力培养为核心，突出整体性、模块化、开放式的特点，传播学专业应建立一套既相对独立又密切联系，能覆盖各门课程和知识领域的实验教学体系，建设专业基础实验、专业综合实验和创新能力培育实验三类实验课程。

1. 专业基础实验

这类实验教学课程主要对专业基础技能进行系统的教学与培训。配合传播学专业基础课要求，教学计划中设定了市场调查与分析、摄影与摄像基础、新闻采访与写作、新闻编辑等课程的实验环节，以建立传播系学生的基本专业素质和实操技能。

2. 专业综合实验

专业综合实验要使学生在拟真和实际的情境下，完成专业技能的综合培养。配合传播学专业课程进行媒体经营管理方面的策划、项目运营实验教学，教学计划中设置有媒介策划、媒体经营与管理、媒介产品与开发、说服与传播运作设计等课程的实验环节，以提升传播系学生进行媒体项目的策划、管理、运营和媒体公司管理、运营的综合能力与素质。

3. 创新能力培育实验

通过虚拟媒体公司与工作室、工作坊的建立和项目策划、操作的实施，造就学生创新能力的养成和提升。校外实习基地开设如新媒体环境下的危机公关、舆情采集与分析、公关传播与案例分析、新媒体与商务传播、文案创意、提案技巧、品牌设计与传播、客户服务与客户管理等课程，让学生直接接受业界导师的培养；传媒实验教学中心提供场地、器材，教师主导成立新闻特稿工作坊等，帮助学生进行专业实践专项能力的提升；与专业传媒机构、公司，或者有需要的其他社会机构合作，进行媒体项目的策划、运作等。这些都为学生创新学习活动提供了实践指导和服务。

传播学专业所创建的实验教学体系，需要应社会发展之需产生并创新。对于如何培育复合型、应用型传媒经管人才是富有创见的系统探索。随着社会与高等教育、人才市场的变化，传播学系应继续完善、规范成果的内容与形式、体系与制度等，在对人才市场变化的应对和调整中，最终引领、带动高等传媒经管人才培育模式的全面创新。

（三）三类课程的建设方案

对于三类实践教学课程，以传播学卓越班人才培养方案为例，其设置、定位与建设方案如下。

1. 专业基础实验：基本专业实践技能培养

作为传媒经管人才，需要具备基本的传媒专业技能，其中包括：演讲能力、调研能力，新闻采访与写作、编辑能力，摄影、摄像、后期剪辑能力和专业软件的使用能力。

为此，需要设置必要的基本技能实验课程（见表1），并以单项专业技能为培养重点，在传播学专业学业的前三年，渐进性地予以开设。

2013年，传播学卓越班共设置有9个学分的基础实验课程，涵盖了传播学专业所需的新闻采、编、评及制作，摄影、摄像及视频制作，演讲与调研，专业软件使用等基本技能，分别开在大学前三年，由校内专业老师结合相应的基础理论，充分利用传媒实验教学中心进行教授、培养。

表 1　传播学卓越班专业基础实验课程

类别	实践环节	学期安排	学时	学分
专业实验类	新闻采访与写作	2	32	2
	摄影与摄像基础	2	32	2
	电视剪辑	3	16	1
	市场调查与统计分析	4	16	1
	新闻编辑学	4	16	1
	演讲与修辞	5	15	1
	传播学统计软件应用	6	16	1
合　计				9

2. 专业综合实验：传媒经管能力综合培养

经过研究、分析、比较，课题组认为：首都经济贸易大学传播学专业重点培养传媒经管人才，因此与中国传媒大学传播学专业学生单项专业技能作为培养强项不同，我校学生需要学习、掌握的专业能力，更体现为在媒体项目的创意、策划，团队的组织、运营及管理等综合能力方面。为此，在基础实验的学习之外，我们的传播学专业人才的培养，要在媒体相关项目的综合运作方面，体现出自己的用力。

2013 年，传播学卓越班人才培养方案加强了综合实验课程的设置，共设立了 6 个学分的综合实验课程，这些课程分别在媒体经营与管理、媒介产品策划与开发、说服与传播过程的运作设计、新媒体产业运营、整合营销传播、品牌设计与传播方面，各有侧重地开展对学生专业综合能力的对应性培养（见表 2）。

表 2　传播学卓越班专业综合实验课程

类别	实践环节	学期安排	学时	学分
	媒介经营与管理	3	16	1
	媒介产品策划与开发	4	16	1
	说服与传播运作设计	5	16	1
	新媒体产业运营	6	16	1
	整体营销传播	6	16	1
	品牌设计与传播	7	16	1
合　计				6

综合实验课程相比于基础实验课程来说，更强调专业相关能力的综合应用，表3为“媒介产品策划与开发”课程的训练项目与实践能力培养。

表3　“媒介产品策划与开发”课程实验项目

实验项目名称	计划学时	实验目的、要求	实验要求	实验性质	主要仪器设备
运用不同思维进行不同类型的产品策划	2	（1）引入头脑风暴的思维开发方法 （2）学会用横向、纵向、发散性思维进行新闻策划和呈现	必开	综合	计算机
项目招标、投标	2	要求学生整合信息资源，写出完善的招标、投标文件，运用PPT格式进行演示	必开	综合	计算机
项目策划	4	进行头脑风暴实践，要求学生能够运用相关软件，制作项目策划书	必开	综合	计算机
媒介产品生产	4	运用摄像机进行采访，运用相关编辑软件进行非线编辑，制作出视、音频产品	必开	综合	计算机、摄影器材等
媒介产品宣传与营销	1	制作宣传海报、视频片花等	必开	综合	计算机、摄影、摄像器材
活动策划与现场展示	3	（1）进行活动策划、创意，团队运作管理 （2）学会现场活动的运作、管理、把控 （3）进行现场摄影、摄像、灯光、人员组织等综合训练	必开	综合	计算机、摄影、摄像、录音等器材

综合实验课程主要由专业教师讲授，在教学过程中，更采用环境拟真、业务模真、项目实战等方法，打破课内课外的界限，结合专业教师和传媒实验中心的实验教师的课堂教学、专业工作室、专业工作坊，利用传媒实验中心的设备和学院创建的如“骆驼新闻社”“金驼网”等平台，更以品牌做项目、活动的整合，

从而使学生的综合专业能力得到训练、展示。

综合实验课程的讲授，传播学专业已经进行了多年的探索，有了一定的成果积累，表 4 为综合实验课程“媒介策划”（2013 传播学卓越班更名为“媒介产品与开发”）所开展的学生实践教学活动和项目。

表 4　2007—2012 年传播学学生实践活动和项目

时间	活动名称	学生组成虚拟公司名称
2007 年 5 月（2004 级）	（1）与凤凰卫视“一虎一席谈”节目合作 （2）《精·明》杂志创刊	虎游文化传播有限公司
	“看我 72 变”魔术主题晚会	部落传媒文化有限公司
	德云社首都经济贸易大学专场	德云传播
	Finding－x 大型交友联谊活动可行性报告书	Party Bridge 公司
	为奥运助威——校园乐队演唱会	华艺姐妹传播有限公司
	798 的别样生活	798 文化传播公司
	“客家饭”校园推广项目	大块头文化传播公司
	80 后的呐喊——讲述你们我们他们的故事	魅影文化传播有限公司
	“大学生消费指南”刊物	新锐部落文化活动创意有限公司
	经贸人手册	经贸资讯社
	电视宣传片：《人在北京》	视频工作室
	首都经贸健身中心推广	特普文化有限责任公司
	《青年参考》校园推广	北京星点文化传播有限公司
2008 年 5 月（2005 级）	“真心话不冒险”师生互动访谈活动	2005 级传播
	环保宣传：布袋子涂鸦	
	我们一起玩定格摄影活动	
	20 世纪童年记忆展	
	北京话趣味竞赛	
2009 年 5 月（2006 级）	北京八大高校辩论赛	弈宣文化传播有限公司
	电影《我要赚钱》	PPT 文化传播有限公司
	（1）中国模式论坛策划 （2）人文学院“金驼杯”媒体组织与策划展示颁奖大会	TOP 创意传媒

续表

时间	活动名称	学生组成虚拟公司名称
2009年5月（2006级）	人文学院摄影大赛	五次方工作室
	（1）制作人文学院院刊 （2）协办第一期人文讲堂	正负形创意有限公司
	人文学院视频宣传片	Big Five传媒有限公司
	校园拍客堂	甲骨文化传播公司
	首经贸第一届武道大会	First Blood 文化传播公司
	纪录片《路口》	升阳传媒
	人文学院学生摄影展	DD工场
	人文学院院刊	“映象”传播文化有限公司
	跳蚤市场	拓普文化公司
	抱抱团	I的三次方文化传播有限公司
	新闻传播系博客	瞳晟文化传播有限公司
	“人间五月天 成长心相连”师生交流主题访谈活动	六人行文化传播有限公司
	短片《10070》	星野工作室+319工作室
2010年4月至2010年6月（2007级）	电视新闻调查节目《大学观察》	2007传播（1）班
	电视新闻调查节目《校园大爆炸》	2007传播（2）班
	电视新闻调查节目《多维度：悬崖上的花》	2007传播（3）班
	电视新闻调查节目《大学观察》广告策划、制作、宣传	2007传播（1）班
	电视新闻调查节目《校园大爆炸》广告策划、制作、宣传	2007传播（2）班
	电视新闻调查节目《多维度：悬崖上的花》广告策划、制作、宣传	2007传播（3）班
	真人秀：《大学观察》首映礼、宣传与推广	2007传播（1）班
	真人秀：《校园大爆炸》首映礼、宣传与推广	2007传播（2）班
	真人秀：《多维度：悬崖上的花》首映礼、宣传与推广	2007传播（3）班
	第二届“金驼杯”传媒实践技能展示（双语、大型演播厅直播活动）	2007传播（1）（2）（3）班

续表

时间	活动名称	学生组成虚拟公司名称
2011 年 2 月至 2011 年 6 月	微电影作品广告、活动营销	2008 传播（1）（2）（3）班
	微电影作品首映仪式	2008 传播（1）（2）（3）班
	第三届“金驼杯”传媒实践技能展示（双语、大型演播厅直播活动）	2008 传播（1）（2）（3）班
2012 年 2 月至 2012 年 6 月	传播学系原创微电影首映活动	2009 传播（1）（2）（3）班
	第四届“金驼杯”传媒实践技能展示（双语、大型演播厅直播活动）	2009 传播（1）（2）（3）班
2013 年 2 月至 2013 年 6 月	传播学系校园系列情景剧首映活动	2010 传播（1）（2）（3）班
	第五届“金驼杯”传媒实践技能展示（双语、大型演播厅直播活动）	2010 传播（1）（2）（3）班

3. 创新能力培育实验：行业实操能力培养

作为文化产业的重要组成部分，传媒产业需要的人才应具有很强的创新能力；传播学作为应用性很强的学科，媒体经营与管理方向更需与行业实践发展保持高度的一致。如何培养社会传媒产业需要的紧缺人才？中国高等教育一直在探索。

为更好地培养具有创新意识、创新能力的专业人才，需要让学生改变从前习惯接受“满堂灌”的教学方式，能直面实际问题，从而培养其创新性解决问题的能力。怎么样才能与问题直面？需要教育工作者主动改善高校教育与行业发展脱节的情况，打破学校和行业的壁垒，在与行业实践的无缝对接中，让学生直接接触行业实践中的具体问题。

课题组在进行传播学卓越班人才培养方案的设计时，正是从培养学生的创新能力出发，将课堂开到企业去：在专业选修课部分，对应着行业实践中最前沿、最实际的专业能力需要，设定了 7 个学分的创新能力培育实验课程。这些课程由传媒企业一线的人员进行教授（见表 5）。

表5　传播学卓越班创新能力培育实验课程

类别	实践环节	学期安排	学时	学分
创新能力培育实验课	新媒体环境下的危机公关	4	16	1
	舆情采集与分析	4	16	1
	公关传播与案例分析	5	16	1
	新媒体与商务传播	6	16	1
	文案创意	6	16	1
	提案技巧	6	16	1
	客户服务与客户管理	7	16	1
合　计				7

因为针对行业最新的实际工作需要开设创新能力培育实验课程，解决了高校与业界两张皮的问题，使得学生的专业能力培养，与行业发展贴近，由此不仅培育了学生灵活运用知识，解决实际问题的能力，而且提高了学生在人才市场上的就业竞争力。

随着社会的发展，网络资源的丰富和便捷，通识与人文素质等方面的教育，将更多地由社会平台提供，比如，首都经济贸易大学在2013年的通选课中已经设置了尔雅课程作为选修学分，专业教育追求与业界的更加接近，向“专业”而不是向基础和“通识”方面的发展也已见端倪。专业实践教学的“下移”——向行业的偏向已不可逆转，我们所建设的创新能力培育实验课程，正是秉承了这样的精神，予以探索性地设置。比照高等教育的发展新趋向，相信这个方案对于传媒经管人才的培养来说，是利大于弊的正确选择。

二、传播学专业技能培训体系研究

成立于2004年的首都经济贸易大学传播学系，结合学校财经类学科优势，主要培养媒体经营管理人才。围绕培育北京社会发展紧缺的复合型、实用性传媒经管人才的核心，结合所拥有的北京市高等实验教学示范中心之一的首都经济贸易大学传媒实验教学中心的硬件设施、软件配备，利用专业教师、实验教辅人员等实践教学人才资源，以现代教育教学强调“学生主体参与和知识应用”为理念，为培养学生的传媒经营、管理能力，在系统的实验课程体系建设基础上，还需要建立课内、课外和校内、校外融为一体的专业技能培训体系。

由此，经过理论研究和实践探索，近两年传播学系形成培育复合型、应用型传媒经管人才的专业技能培训体系。

（一）培训体系建设要求

1. 注重实践技能培育与专业理论教学同步发展

首都经济贸易大学以为首都北京培养复合型、应用型传媒人才为特色，将学生实践技能的培育，放在与专业理论素养同样重要的位置考虑。2013 年，在传播学卓越班人才培养方案中，传播学系以专业基础技能、策划创意、经营管理、影视节目制作为实验课程分类，首先开设有 22 门实验教学课程，占专业课教学的 17.52%。另外，利用传媒实验教学中心先进的硬件设施，由专业教师和实验教师合作，开设有“工作坊”“工作室”，以对学生进行专门的专业技能培训。卓越班在 170 总学分中，实验和课外实践教学学分达 57 学分，占比 33.53%。通过课内外的实践技能教育，使学生能够理论联系实际，从而培育其从事传媒产业策划、创意、经营与管理工作的能力，并进一步成长为符合社会发展需要，掌握传媒相关技术，具有创新精神的高素质人才。

2. 实现专业实践能力培养与行业需求无缝对接

为了改变高校人才培养常常跟不上行业变化需求的局面，传播学专业紧跟国内外图书报刊、广播电视、网络媒体和各类新型媒体产业发展的实际趋势，努力保持实践教学内容与方法、实验技术与装备等与产业实际的基本同步，在具体的实践教学过程中，传播学系特别注重教学方式方法的创新，按照行业实际拟真培养学生的综合实践能力，如在媒介策划实践教学中，依据传媒公司实际运作状况，模真性成立“媒体公司”，并根据“董事长”——任课教师分配的任务、布置的项目，在“总经理”——学习委员的带领下，设置如策划管理组、摄制组、宣传组、外联组、后期制作组等“机构”“部门”，进入到各“部门”的学生在策划管理组的布置下，相互协作，按计划开展“业务”实践。在实践教学体系里，还吸收业界实际经验丰富、热爱教学的高水平专业人才参与实验教学活动，并实施校外导师真正融入实践教学活动的方略。在 2013 版人才培养方案中，传播学卓越班设置有 6 门应当前行业发展的实际予以专门开设的，并由校外实习基地导师教学的实务课，以使学生的专业能力培养与业界发展的实际相适合。

3. 在创意环境中培育人才创新品质

信息传播具备了劝服性、艺术性、独创性和竞争性特点，传播专业人才具备创新性更加重要。创新性来源于系统、综合知识积累基础上的新认识、新发现、新创作，其关键在于体验、感悟、学习和实践。利用传媒实验中心软硬件资源，开设更多的实验环节、活动、项目，使传媒实验中心在实现实践教学课堂主功能的同时，也为学生直观地体验传媒策划与创意的实践过程、培养团队合作能力、交流创意体会；与校外实习基地达到4学年中22周专业实习的深度合作，使得培养、锻炼学生的创新能力和创业精神，培养复合、应用型传媒经管人才，能落到实处。

（二）创建“三位一体”实践教学平台

在课程体系外，为培育传媒经管人才，以理论探索为指导和基础，传播学系建成由院内、校内和校外专业实践实训基地组成的“三位一体”专业能力培训平台，以实现对学生专业能力的全方位培育（见表6）。

表6　传播学系“三位一体”专业实践平台

类型	名称	说明
院内	金驼网	学生独立运营新媒体平台
	骆驼新闻社	学生线下新闻信息采集机构
校内	党委宣传部新闻中心	协同共建学校新闻中心
	首都经济贸易大学学通社	学生为实践主体
	《当代经理人》杂志社	校内实习平台
校外	灵思营销集团	校外实习基地
	宣亚国际传播集团	校外实习基地
	朝阳区国家广告园区	校外实习基地
	锐驰思创传媒公司	校外实习基地
	朝阳区商委	校外实习基地
	湖南广电集团	校外实习基地
	星美国际集团	校外实习基地

1. 院内实践平台

2012年9月，为完成传播学学生的信息采集、编辑、发布以及网络运营、管理能力的培育，由本课题组负责人策划、发起，部分课题组成员参与，传播学系组织3年级学生策划、创建院内新闻实践平台“骆驼新闻社”和新媒体实训平台“金驼网”，以锻炼学生在线下的信息采集能力和线上的网络信息编辑、发布能力。

至目前为止，“金驼网”是国内唯一一个完全由学生自主策划、创建并运营、管理的新媒体平台。而传播学专业学生已经开始在课内操作“金驼网”的试运行。

2. 校内实践平台

利用校内相关资源，打造传播学专业学生的校内实践平台，以实现学生在学校内的课外时间开展专业实践活动。

与学校《当代经理人》杂志合作，部分学生被聘为记者和编辑，在人物采访、写作、编辑能力等方面得到锻炼。

2012年12月与学校党委宣传部签订了协同创新协议，协同共建学校新闻中心和学通社，使学生课外时间在校报、校广播台、校电视台、校网等媒体上，开展新闻采集、编写、制作和发布等活动。

3. 校外实习基地

从2012年10月起，课题组积极推进校外人才基地的建设工作，传播学系分别与“灵思传播机构”“宣亚国际传播集团”“朝阳区商委”“国家广告园区”“锐驰思创传媒公司”等企业、机构协同共建校外人才培养基地。校外导师参与了2013级人才培养方案的制定工作；实习基地教师开设专业讲座；实践课程的部分环节由实习基地担负；学生在实习基地开展认知实习、专业实习、毕业实习等，新成立的校外实习基地已经在传播学学生专业实践能力培养方面，发挥着重要作用。

（三）构建专业素质培育体系

在传播学卓越班2013级人才培养方案中，根据研究结论，课题组设置了专业基础实验课程群、专业综合实验课程群和创新实验课程群的三级体系，以在课内实现对学生专业实践能力的渐进性培育。

在课堂教学中，教师组织学生成立虚拟公司，按照行业实践的实际要求为任务带动，促进学生策划、运行拟真性的专业实践项目，2012—2013年度，课题组负责人在“媒介策划”和“媒体运营实务”两门课上，按照媒体公司的运营实际，拟真性地带领学生在媒介产品生产阶段，进行校园情景剧的策划、创意以至表演、后期制作等工作。在媒介产品宣传营销阶段，带领学生开展广告策划、制作及发布等工作，并且策划、举行校园情景剧的首映礼，以演播厅现场展示活动——“金驼杯”传媒实践技能综合展示活动作结，在完整的专业实践环节的实施过程中，完成对学生传媒实践能力的综合训练。

为提升学生的专业实践能力，动员系和传媒实验教学中心教师，利用传媒实验教学中心的硬件、软件，在课题组主导下，成立了4个传媒专业技能提升工作室——摄影工作室、摄像工作室、平面设计工作室、后期剪辑工作室，1个专业能力培育工作坊——新闻特稿工作坊，以及2个专业素质养成训练营——书法训练营和绘画训练营。其中，工作室在两年中已经对300人次的学生进行了专业技能的培训，新闻特稿工作坊培训了60人次的学生，参加训练营的学生达到了60人次。

对学生专业素质的养成应该是全方位的，由此，课题组主张将课堂内外打通，结合课堂教学和课外培训，形成相对应的专业技能提升、专业素质养成的实践教育体系。事实上，依靠已经建立的课程体系和课外培训体系，学生开展了丰富多彩的专业实践活动，如电视访谈、电视新闻节目策划与制作、电视真人秀、校园系列情景剧、微电影、大型演播厅综合展示等活动（项目）。课题组负责人带领成员，通过资源整合、品牌策略和全员动员，在2011—2013年进一步拓展、运用“金驼”品牌，建成了“金驼网”，策划、推进一年一度文化与传播学院学生专业实践“金驼月”活动，不仅对提升学生的专业实践能力、养成专业素质发挥了重要作用，而且还在校内和校外形成人才培养和专业、学院建设方面的影响力，形成了多方面共赢的局面（见表7）。

表7　2012—2013年课题组组织、开展的学生专业实践活动（项目）

时间	活动名称	参与学生人数
2012年9月	“传媒第一课”电视访谈活动	80
2013年5~6月	传播学系校园系列情景剧首映活动	150
	第五届“金驼杯”传媒实践技能展示（双语、演播厅直播活动）	150
2013年3~6月	学生专业实践“金驼月”活动	500

如2013年文传学院“金驼月”闭幕式在校外实习基地——国家广告产业园区举行，邀请到教委以及传媒企业总裁到场，联结了人才培养的“入口”、“过程”和“出口”，将传播学专业建设推向一个新的高度。

三、传媒专业校外实习基地建设研究

首都经济贸易大学传播学系培养的是媒体经营管理方向的传媒经管人才，由此决定了人才培养的复合型、应用型定位。在加大实践课程比例、加强学生实践能力培养的时候，除了以院内、校内实践平台锻炼、提升学生的专业实践能力外，还应该与业界合作，建立校外实习基地，切实发挥校外实习基地对传播学专业人才培养的无缝隙融入作用，这个命题事关首都经济贸易大学传播学系未来发展。

（一）打造校外实习基地体系

高校人才培养需要围绕专业人才市场的实际需要开展。中国传媒专业人才的出路，一是进入政府宣传部门，二是进入事业性质的传媒机构，三是进入企业性质的传媒企业，其中包括跨国传媒企业。

为此，本文认为首都经济贸易大学传播学专业要建立包括上述传媒组织、机构在内的完整的校外人才培养基地体系。

在课题组的推进下，传播学系已经与作为政府部门的朝阳区商委建立了协同创新机制。根据合作协议，学生将进入朝阳区商委下属的文化创意产业公司，开展跨国文化项目的策划、运作。

建立了与传媒企业宣亚国际传播集团、灵思营销集团、锐驰思创传媒有限公司和星美国际集团的合作机制。传播学系分别于2012年10月、2013年3月、2013年5月、2013年6月与以上公司签约，宣亚国际传播集团在新媒体运营实务和专业实习方面，已经形成对传播学系相关实践教学与实习的有力支撑，并获得了校级实习基地的称号；灵思营销集团在2013年暑假学生的专业实践中，吸纳了6名学生进入集团实习；锐驰思创传媒公司在转播技术方面拥有实力，不仅已经接纳了数名实习学生，还为2013文化与传播学院学生专业实践“金驼月”活动闭幕式提供现场转播车，实现学生在转播车上的专业实践；星美国际集团将在艺人经纪、影视剧策划、制作等方面，提供传播系学生的专业实习、实践机会（见表8）。

表8　传播学专业校外实习基地建设

序号	单位名称	说明	建设情况
1	灵思营销集团	校外实习基地	已签约
2	宣亚国际传播集团	校外实习基地	已签约，获批校级校外实习基地
3	朝阳区国家广告产业园区	校外实习基地	已签约
4	锐驰思创传媒公司	校外实习基地	已签约
5	朝阳区商委	校外实习基地	已签约
6	湖南广电集团	校外实习基地	已签约
7	星美国际集团	校外实习基地	已签约
8	中央电视台	校外实习基地	未签约，2013年暑假已接受29名实习生
9	新华社	校外实习基地	未签约，2013年暑假已接受6名实习生
10	凤凰视频	校外实习基地	未签约，2013年暑假已接受6名实习生

课题组还建立了与传媒事业单位——朝阳区国家广告产业园区、湖南广电集团的合作关系。2013文化与传播学院学生专业实践“金驼月”活动闭幕式在朝阳区国家广告产业园区举行，造就了学院在校外的影响力；6名传播学系三年级学生得以进入湖南广电集团实习，为学院人才培养开创了新路。

另外，分别有3名、6名、6名学生被推荐到中央电视台、凤凰卫视和新华社开展暑假实习，与这些机构建立稳定的实习合作关系还在商谈中。

课题组未来将围绕专业实践能力培养的类别需要，建立如影视创意、策划、制作能力，新媒体采编和运作能力等实习基地群。两年内，课题组促成包括中央电视台、北京电视台、湖南卫视和江苏卫视的影视能力培育实习基地群。

（二）发挥校外实习基地作用

校外实习基地建立以后，需要进一步探讨的是如何更好地利用实习基地，真正发挥实习基地对专业建设和人才培养的作用。

课题组认为，应该从以下几方面发挥校外实习基地对首都经济贸易大学传播学系人才培养的作用。

（1）部分课程的实践环节。请校外实习基地老师进行直接指导，“新媒体产业运营”在新媒体整合营销部分，已经争取到宣亚传播集团正在运行的实际案例，让学生参与提案，并由宣亚部门领导直接参与指导。

（2）部分实践课程。如上所述，传播学卓越班人才培养方案中所设置的“新媒体环境下的危机公关”“舆情采集与分析”“公关传播与案例分析”“新媒体与商务传播”“文案创意”“提案技巧”“客户服务与客户管理”等行业实践前沿课程，将在实习基地上课，由企业直接派富有相关行业实操经验的员工负责授课。

（3）学生认知实习、专业实习和毕业实习。实习基地将承担传播学系学生的集体实习，建立一整套的包括实习招聘、实习阶段性检查、实习考核和实习评价在内的工作机制、规则，并派教师负责学生的实习业务指导。

（4）实习基地人员的作用。建立完备的校外导师计划，首先聘请各实习基地总裁和主要负责人为学院特聘教授，形成特聘教授联席协商机制，实习基地特聘教授在传播学人才培养方案修订、专业建设特色确定以及学科建设方面，应发挥重要作用；另外，实行实习基地指导教师负责制，聘请部分员工作为指导教师，直接参与实践课程、环节和工作的讲授、指导与评价。

（5）在学生就业方面。在与实习基地合作过程中，通过认知实习、专业实习和毕业实习，基地与学生双向选择，促成学生毕业后留在实习基地就业，以实际提高传播学系学生的就业率。

与宣亚国际传播集团等签订的合作协议，已经将以上内容有机纳入其中，并正在试行过程中（见表9）。

表9　传播学卓越班校外实习基地学生培养计划

<table>
<tr><th>学期</th><th>课程名称</th><th>起止周</th><th>企业名称</th><th>学生人数</th><th>目标/培养能力</th><th>考核方式</th></tr>
<tr><td>第4学期</td><td>认知实习</td><td>18～20周</td><td>宣亚国际传播集团
灵思营销
国家广告园区
朝阳区商委
锐驰思创传播公司</td><td>30</td><td>了解社会，参与社会的能力，认识人的社会责任、义务</td><td>考查</td></tr>
<tr><td rowspan="2">第6学期</td><td rowspan="2">专业实习1</td><td rowspan="2">13～18周</td><td rowspan="2">宣亚国际传播集团
灵思营销
国家广告园区
朝阳区商委
锐驰思创传播公司</td><td rowspan="2">30</td><td>将基础理论应用到工作实际，分析问题、解决问题；培养产品创意、设计、团队合作与交流能力</td><td>考查</td></tr>
<tr><td>了解基础知识在传媒行业中的应用，培养学生对专业的印象，培养学生对未来职业的热爱，了解传媒经管专业人才的责任、义务</td><td>考查</td></tr>
</table>

续表

学期	课程名称	起止周	企业名称	学生人数	目标/培养能力	考核方式
第6学期	专业实习1	13～18周	宣亚国际传播集团 灵思营销 国家广告园区 朝阳区商委 锐驰思创传播公司	30	应用传媒产品生产、组织管理和市场及整合营销等基本知识，参与传媒经营管理流程。培养产品创意、设计、团队合作与交流能力	考查
第7学期	专业实习2	5～18周	宣亚国际传播集团 灵思营销 国家广告园区 朝阳区商委 锐驰思创传播公司	30	了解或掌握传媒产品的设计与开发、活动策划、团队组成与目标的确定、组织与管理过程和措施、宣传与营销方案提案与协商过程、方案的修改与实施、客户管理与反馈、目标监控，树立传媒经营管理的系统认识，形成综合、立体的资源整合和全局运营观念	考查
第8学期	毕业设计（论文）	1～16周	宣亚国际传播集团 灵思营销 国家广告园区 朝阳区商委 锐驰思创传播公司	30	媒介产品生产、运营综合训练。包括产品设计、过程与系统组织、资源整合利用、过程与流程、系统综合与优化等	考查
	企业文化	1～10周	宣亚国际传播集团 灵思营销 国家广告园区 朝阳区商委 锐驰思创传播公司	30	学习企业文化，培养职业责任感	
	组织管理流程仿真	1～16周	宣亚国际传播集团 灵思营销 国家广告园区 朝阳区商委 锐驰思创传播公司	30	参与企业从策划、创意、生产、管理与运营的部分工作	考查

续表

学期	课程名称	起止周	企业名称	学生人数	目标/培养能力	考核方式
第8学期	其他企业课程	1~16周	宣亚国际传播集团 灵思营销 国家广告园区 朝阳区商委 锐驰思创传播公司	30	学习媒体生产、管理、运营相关知识	

（三）造就人才培养特色与竞争力

与行业实践脱节和就业难等问题，是建立校外实习基地时需要直面的问题，有针对性地建立校外人才培养基地，一方面是要解决好上面的问题，另一方面是在解决以上问题的基础上，培育和养成首都经济贸易大学传播学系专业人才培养的核心竞争力。

课题组认为，综合学校的定位和当前传媒经管人才培养的实际，首都经济贸易大学传播学系培养的专业人才，应有自己的特色，从而在人才市场上显现自己的优势与竞争力。围绕核心竞争力的培育和养成，我校传播学系开展成体系、成规模的校外实习基地的建设，需要达成以下的成效。

（1）通过在行业实践中的集训，养成我校学生传媒经管的专业特色。实习基地的建立，使学生能够更多置身于行业实践中。以团队和项目组，学生直接参与实习基地部分项目的策划、提案和运作；从第四学期开始的3周认知实习，第六学期6周的专业实习，第七学期13周的专业实习，再加上毕业实习的20周，学生有组织地置身于行业环境，渐进性地开展传媒企业的实际工作，进行实际项目的操作，由此实习基地的存在及作用，保证了学生在媒介组织的建构、项目的策划和创意、媒体的经营与管理等方面，得到充分的锻炼，从而巩固、培育、养成我校传播学专业人才培养的传媒经管能力的特色。

（2）通过业界教师的融入指导，形成人才培养与行业的无缝对接。传播学卓越班的部分课程，将采用实习基地正在运行的项目；基地校外指导教师直接讲授实践前沿课程；指导教师辅导学生的创意、提案；特别是聘请实习基地的高层作为特聘教授，组建传播学专业发展的智囊团，参与专业人才培养方案的制定和学科建设工作，使人才培养方案和专业建设与行业发展的实际相匹配。这样的深层次、融入性的合作，使我校传播学人才培养形成了与行业发展的无缝对接。

（3）通过与实习基地的深度合作，带来我校学生的就业前景。实习基地为学生的专业实践能力培养提供有体系的指导和充分的实习机会，业界导师渗透传播学专业及学科建设的过程中，造就了传播学系人才培养的新模式，并实际形成了双方的深度合作关系。学生行业实践能力的培养与提高，一方面使得学生在就业选择时具备优势；另一方面实习基地在提供实习机会、培养学生专业实践能力的同时，经过在公司中长时间、有层次的层层筛选，实习过程中表现优异的学生，必定成为实习传媒企业与机构有意优先录用的后备员工。由此，多个实习基地的建成，成为首都经济贸易大学传播学系毕业生可选择的去处，实际而有效地增加我校学生的就业机会。

如果说实践课程体系是人才培养的基础，院内和校内专业能力实训平台是补充，校外实习基地及体系的建立则将人才培养的追求和成效真正落到了实处。课题组通过研究认为，首都经济贸易大学传播学系以传媒经管人才的培育为特色，通过实践教学体系“四个层面”——基本技能、综合素质、创新能力和创业能力，“三类课程”——基础实验、综合实验、创新能力培育实验，以及对三类课程的积极建设，通过专业技能培训体系“三位一体”实践教学平台——院内、校内和校外实践基地，课内课外实践培训体系的主动创建，通过构建校外实习基地体系，发挥实习基地作用，形成人才培养特色与竞争力等措施，希望在实践教学体系、功效的深入研究和系统建设中，充分而切实地发挥实践教学体系与校外人才培养基地等在专业、学科与人才培养等工作中的作用。以专业实践能力的全方位培养，培育具有扎实的专业基础技能、综合的专业实践能力，同时具有较强的创新能力和创业能力的复合型、应用型传媒经管人才，是我校传播学专业人才培养应该着力凸显的特色。朝着这个方向不断努力、踏实前行，最终一定能形成首都经济贸易大学在传媒专业人才市场上的核心竞争力，这是本课题的研究结论和未来相关工作孜孜以求的努力方向。

“媒介策划”教学与考核方式、方法的创新与探索

摘要：传播学综合实践课程“媒介策划”以“提供综合掌握传媒专业技能的实践平台，培育学生传媒经管能力，实现专业实践能力全方位提高”为教学目的和追求，采用“环境拟真、业务模真、项目实战”的教学模式，创新、探索、形成了一整套教育教学与考核考评办法。

关键性：实践教学；传播学专业；人才培养；教育教学方法；考核考评办法

作为传播学专业人才培养的实务课程之一，“媒介策划”是一门针对传播学系三年级学生开设的专业必修课，现已开课7年。

作为基于前期专业基础理论与实践技能课程基础上开设的综合实践课程，这门课在具体教学过程中，始终根据社会当时对专业人才培养的特殊需要，随时注意调整和创新教学方法。其中，遵循“提供综合掌握传媒专业技能的实践平台，培育学生传媒经管能力，实现专业实践能力全方位提高”的教学目的、原则和追求，业已形成“环境拟真、业务模真、项目实战”的新型教学模式，在“促进学生对专业技能的综合掌握”“提升学生媒体运营与管理能力”“实现学生专业素质与水平的系统提升”三个方面，取得了一定成绩。

一、根据社会需要及时调整教学内容与形式

从开始由多学科交叉而成，少有人关注的边缘学科，到现在影响力不断提升的显学，新闻传播学是一门正处于不断更新、变革中的新兴学科。为此，对于传播学专业人才的培养，所要求的人才能力和素质，在新闻传播学科的不同发展阶段，是有不同的框范和规约的。因此，为了与时代发展同频、同步，培养符合社会需要的传播学专业人才，首都经济贸易大学传播学系结合学校人才培养的应用型定位和财经管理学科的优势资源，确定了“传媒经管人才”为专业人才培养的方向。截至目前，我们培养的传播学专业人才，注重于以下几方面的能力：

①市场调研分析能力；②信息整合、采编能力；③媒介产品策划、生产能力；④整合传播、营销能力：数字媒体环境下媒体策划、营销策划、品牌策划和公关策划等能力；⑤媒体组织、管理、运作能力；⑥语言表达、社会协调及人际沟通能力；⑦运用现代传播技术从事传播活动综合技能。在7年的教学过程中，“媒介策划”围绕以上七方面能力的培养目标，先从理论课时和实践课时的2∶2配比，到2∶1配比，再到现在的1∶2配比，教学内容和形式时有调整，但加强实践教学部分和强化实践能力培养，贯彻在这门课的教学始终。现在，注重学生在数字媒体环境下的媒体策划等能力培养，是正在开展的教学实践的重心与取向。

围绕学生多种传播学专业能力的综合培养，“媒介策划”是当前主要开展的实践教学环节和项目（见表1）。

表1　“媒介策划”实践教学项目

实验项目名称	计划学时	实验目的、要求	每组人数	实验要求
思维训练	2	引入头脑风暴的思维训练方法：围绕主题词进行思维发散练习和主题创意活动	3～4	必开
思维练习	2	围绕媒介发展进行思维想象训练	3～4	必开
运用不同思维走向构建不同类型的媒介产品	2	学会用横向、纵向、发散性思维进行媒介产品的策划和呈现	4～5	必开
项目招标、投标	2	要求学生整合好信息资源，并能够写出完善的招标、投标文件，运用PPT格式进行演示	4－5	选开
项目策划	2	进行头脑风暴实践，要求学生能够运用相关软件，制作项目策划书	4～5	必开
媒介产品生产	4	媒介产品生产、制作过程的实践，其中运用摄像机进行采访，运用相关编辑软件进行非线编辑，制作出视频、音频产品	4～5	必开
产品宣传	2	制作宣传海报、视频片花、音频广告等	4～5	必开
产品营销与推广	6	举行首映礼、综合实践展示活动	4－5	必开
新媒体管理与运营	8	以团队形式，进行“金驼网”线下信息采集和线上信息编辑、发布	4～5	必开

近几年学生完成的实践成果见表2。

表2 “媒介策划”学生完成的部分实践成果

时间	活动名称	参与学生人数
2010年4月	电视新闻调查节目《食堂调查》	35
	电视新闻调查节目《谁动了我的饮用水》	35
	电视新闻调查节目《悬崖边的花》	35
	真人秀:《食堂调查》首映礼、宣传与推广	90
	真人秀:《谁动了我的饮用水》首映礼、宣传与推广	90
	真人秀:《悬崖边的花》首映礼、宣传与推广	90
	第二届“金驼杯”传媒实践技能展示(双语、大型演播厅直播活动)	150
2011年5月	微电影作品广告、现场活动营销	90
	微电影作品首映仪式	90
	第三届“金驼杯”传媒实践技能展示(双语、大型演播厅直播活动)	150
2012年5月	传播学系原创微电影首映活动	150
	第四届“金驼杯”传媒实践技能展示(双语、大型演播厅直播活动)	150
2013年5月	传播学系原创系列情景剧“我的大学同班”首映活动	150
	第五届“金驼杯”传媒实践技能展示(双语、大型演播厅直播活动)	150
2013—2014年	“金驼网”管理、运营活动	150

二、根据教学实际改进教学和学习方式

由于专业和课程具有较强的实践特性,“媒介策划”没有拘泥于格式化的教学要求,而是以学生的能力培养和提升为核心,改进原有以教师教授为主的教学模式,采用以学生为中心的教学方法。根据课程的特点,在教师的主导和推动下,形成了自主式、合作式和研究式三种学习模式和六种有传媒经管人才培养特色的实践教学方法。

(一)三种学习模式

1. 自主式学习模式

在“媒介策划”具体的学习过程中,教师特别强调学生要根据实验教学内

容，自己规划并延展内容，在自行设计、主动参与相关实践活动、确定学习重点、掌握目标能力过程中，充分激发学生的自主创新能力。“媒介策划”通常设计有专门的任务指标，在目标和规则的相关规定下，鼓励并放手让学生进行项目的策划、设计和运作规划，强调学生创意能力的激发。项目需要按照规定时间和规则完成，以此实现学生对相关专业知识与实践的学习和掌握。

2. 合作式的学习模式

教学中，我们强调学习内容的应用性和实践性，要求学生进行小组合作，学生和合作单位合作，培养学生的团队精神，以及社会沟通、协调与合作能力。在实践环节，根据实验项目的具体设置，让组与组、班级与班级形成互动合作的关系，在不同层面和方向的合作、协调中，鼓励和促进学生协作精神和合作能力的养成。

3. 研究式的学习模式

除了专业实践操作，我们还对学生的科研创新能力予以一定程度的培育。在进行教学活动的具体设置时，围绕不同层次、不同难度的实践课题，教师通过问题的设置，一步步引导学生就问题渐进性地开展研究。同时，通过目标的设定，让学生在项目的设计、操作、运行中，面对问题、解决问题，并及时进行总结、归纳。让学生和学生、组与组、学生和教师，在项目进行过程中，结成面对问题、研究问题、解决问题的伙伴，以此养成、提高学生提出、面对、研究、解决问题的意识和能力，从而提高学生的专业能力。

（二）六种实践教学模式

1. “场境设置”教学法

在理论和实践教学活动中，教师除了以大量案例进行媒体实践的分析、分享以外，还让学生自行选择正在发生的最新的媒体案例进行分组提案，形成课堂教学中专业学习的“场”，使学生更多置身于传播实践的行业场境里，培养其专业感觉，掌握行业实践的最新动态。

2. “项目带动”教学法

“项目带动”教学法即规定并要求学生完成具体的实践任务。在教师对教学实践目标予以具体规定的前提下，要求学生在规定的时间，按照既定的规则，完成规定的任务。其中，“策划项目—操作项目—完成项目—汇报”是工作流程，学生由此进入一个“半真”的实践环境，通过策划、操作、完成整个项目，开展专业技能操作，完成实践任务，最终实现自己专业技能的培养与提高。

3. “虚拟公司”教学法

在“媒介策划”课程的开始，各教学班成立了以教师为“董事长”，以班级学习委员为“总经理”，以4～5个同学为“部门”的媒体公司。“公司”围绕具体媒体产品的生产、制作和宣传、营销，开展拟真性的专业实践活动和媒体操作实务。成立虚拟公司的目的，是要让学生在拟真环境中，置身于行业实践的“真实”环境，找到专业意识与感觉，开展专业操作与实践。

4. “引入比赛”教学法

在课堂实践中，经常要求分组的学生在规定时间内完成一定工作量的作业，然后进行记分、评比，用竞争手段激发学生的创意能力。

5. “头脑风暴”教学法

从事传播学专业实践的学生，需要具备一定的创意思维能力。具体的实验教学，需要对学生的创意能力进行有意识地培养。在“媒介策划”课堂上，教师通过思维导图和对媒介未来发展加以想象，让学生学会运用不同思维方式进行创意；通过头脑风暴，让学生进行创新思维的训练和创意的激发；进一步的，在围绕具体策划目标开展发散思维的训练中，帮助学生熟悉媒体项目的策划过程，训练他们的创意能力。

6. “分享”教学法

实践教学应该鼓励学生的互动参与，促使学生的学习从被动转为主动。“媒介策划”课程中，在“项目”如招标、投标、产品策划、活动营销等阶段结束时，都要求学生以小组的形式进行提案汇报；项目完成后，让学生围绕项目的策划、运作，进行期末总结、汇报。目的就是要在学生分享各自经验中，促进彼此获取更多的相关知识，学会更多的实践方法。

三、采用符合专业人才培养规律的多种教学手段

（一）全面采用多媒体教学辅助手段

在“媒介策划”教学工作中，教师重视现代教育技术在教学和人才培养方面的普及与运用，更多地注意使用多媒体设备来辅助教学，并将实践教学活动结

合到新媒体平台上。一方面，教师认真备课，精心准备多媒体课件；另一方面，在教学内容与教学环节中，设计、策划了学生新媒体网站“金驼网”，规定学生在“媒介策划”课上，充分运用学生自己的网站，开展媒介产品的生产、宣传、营销等活动。2012—2013年，要求学生以“金驼月”“金驼杯”为内容，进行“金驼网”新闻专题部分的策划、组织和制作。对新媒体实践平台的有效利用，使学生的实践活动与新媒体环境、平台与实操实现了有机、有效的连接。

（二）组织策划专业实践竞赛活动。

“媒介策划”课专门组织策划了“金驼杯”传媒实践技能综合展示活动。以竞赛的形式，以学生独立管理、运营活动的方式，以一个年级为单位，融专业综合实践能力培养于实践活动运作、开展过程，在学生专业实践成果的公开展示中，促进学生专业实践能力的提高。“金驼杯”作为传播学系学生专业实践品牌活动，现已举办6届，它既是学生专业实践成果的展示平台，也结构成传播学系学生的集体记忆。如第五届“金驼杯”的主题是“原来时光有真意”，在学生专业实践综合展示的竞赛场上，在老师强调团队精神和专业素质全面提升的具体要求下，在追求“资源最佳整合、最好发挥”和“共赢”目标下，学生们一方面开展媒介产品的策划、生产、制作和营销；一方面将自己对大学生活的记忆、对未来的憧憬、对同学的友爱等内容，融在自己的活动中。这使得专业技能竞赛项目，一面是专业能力的亮相和比拼，一面是实践操作的现场展示和培训，还有一面则是学生共同营造的记忆与历史。

（三）建立课外专业实训体系与平台

探索并建立新的实验教学方法和教学模式，利用学院传媒实验教学中心的设备，“媒介策划”课得到了如“摄影摄像工作室”“平面设计工作室”专业实训辅助体系和平台的支持。这些文传学院所特别建设的课外专业实训平台，有机地支持了对学生专业实践能力的培养，保证了学生实践能力与行业尽可能的无缝对接。“工作室”成立三年的时间内，以最新技能的课外培训和实操的方式，达成了对学生专业能力提升的促进，是课堂实验教学课的有机补充。

（四）与院内、校内和校外学生实践基地有效衔接

学院建立了由学生专业实践平台“金驼网”，校内“学通社”和14个校外人才培养基地组成的专业学习、实习、实践的三级平台。“媒介策划”课程注重

在行业实践中能力的培育，结合实践基地的内容建设，在尽量保持与传媒业实际工作环境一样的情境下，采取各种有效手段，力争实现对学生专业能力和专业素养的模真性培养。

（五）引进名师讲学和行业从业人员讲座

专业能力的培养不可能通过一两门课程的教学实现。氛围、环境很重要，听学界和业界精英的专业分享也很重要。在课程允许的情况下，“媒介策划”课有时会邀请部分学界的导师和业界经营管理人员，就媒介产品的策划、生产、制作或营销，媒体的运营和管理等专题，与学生进行面对面的交流、对话，以弥补课堂教学过程中学生关于行业实践的实际环节的感知缺失。

四、采用与课程特性相匹配的教学考核方法

建立科学、合理的考评方法体系是检验教学质量的重要手段。通过多年来的教学研究和实践，“媒介策划”课形成了一套切实可行的考评方法。按照专业综合实践课程的定位与特性，这门课着重考核学生的学习态度、专业能力的提高、绩效的实现以及团队合作能力等，采用的是“方案策划＋项目执行＋成果呈现”的考核方式。其中，重点考核学生在资料收集整理、专业实践方案策划与设计、项目执行过程和实践结果展示等方面的策划、合作、实现能力；同时，采取学生、任课教师和专家评价三个层次的考核，由学生对团队成员在项目整体运行中的参与、能力、素质等打分，由任课教师对课堂内学生的表现以及策划、运作项目的创新性、主动性等进行考核，由所邀请的校外专家在专业实践综合展示活动现场就学生专业实践技能的总体表现和团队精神面貌给予评价。结合这三者，将阶段性的实验成果、实训报告和期末考核相结合，融提案汇报、成果展示为一炉的实践教学考评体系已经成型。

根据实践课程不同阶段的实训要求，按照“教学与实验相结合、实践与创新素质培养相结合、创新素质培养与人才市场需求相结合”的理念，文化与传播学院将学生的实训和成果衡量分为三个层次。

层次一：理论与实验相结合→基础性实训→具备基本技能

层次二：实验与创新素质相结合→综合性实训→具备专业能力

层次三：创新素质与人才市场需求相结合→创新性实训→具备创新能力

“媒介策划”课主要兼顾了层次二、层次三的考评考核标准。

（一）考核形式

教学方式不应该传统单一，课程考核形式也应根据不同专业教学体系的特殊性和人才培养的要求，根据具体课程的教学定位与目的，建立多元考核机制与标准。综合实践课程“媒介策划”以考核实践项目的操作为主，主要考核学生的管理、协调、操作、宣传和运营的综合能力（见表3）。当然，需要同时将虚拟公司方案招投标会的形式考虑在内，并组织项目成果的汇报展示和评比，加之专家评审，参考受众、观众反馈等因素，融合任课老师的意见，最终得到对学生的考核结果。

表3 “媒介策划”课考核项目及内容

考核项目	考核内容	权重比例
提案形式	提案的规范性、合理性、可行性、创新性	10%
项目运作过程考评	项目管理、技术操作、团队合作、分工合理、自主学习、实践能力	40%
项目成果考评	最终成果的表达效果、制作精良程度、创新程度	20%
汇报现场考评	结课时汇报提案演讲，考核投标/演讲效果，表达能力，现场气氛的控制/模拟公映	20%
信息反馈考评	专家意见，受众/观众的反映	10%

（二）考评形式

传播专业人才培养有自己独特的教育特点，经过多年的实践教学体系和方法的摸索、创新，“媒介策划”课已经形成自己的考评体系（见表4）。这一考评体系促进了课堂的互动氛围，促进了学生的专业学习从被动转为主动，并符合现代教育的新理念。

表4 “媒介策划”课考评形式

形式	内容
学生互评	课程最后，组织学生的项目成果展示，让学生进行汇报演讲，并在班级内展开心得交流和年级间的项目评比，对优秀项目给予适当奖励
专家评审	结课汇报时可邀请专业教授，根据考核标准和规则，现场给予评价、打分
观众反馈	在实践成果综合展示会上，全年级学生一起观看，要求学生对项目成果给予反馈

信息社会使媒体技术不断进步，处在风口浪尖上的高校传播学专业人才的培养，如果不能及时转变人才培养理念，跟随社会对专业人才的需要，及时调整教学内容、采用新的教学方法、培育新的能力，就会形成教学和业界实践的严重脱节。当下的高等教育不应该还用传统的“满堂灌”的教学方法，在移动互联网已经进入教室、课堂的时候，如何避开学生容易获取的知识点等资源，着重不可能一蹴而就的思维培养和能力培养？这可能是未来教育教学改革中需要重点加以研讨的内容。“媒介策划”课正是秉持以学生为中心的教育教学理念，不断打破既有窠臼，探索出一些能让学生既有所有、就有所得的教育教学新法。是得是失，不过抛砖引玉尔！

参考文献：

［1］伍顺比，董小玉．多元与特色：新闻传播学实践人才培养的审思——基于传媒类国家级实验教学示范中心的分析［J］．现代传播。2011（9）．

［2］陶喜红，高伟华．论新闻传播学实践教学的改革路径［J］．新闻爱好者，2011（13）．

［3］殷新红，谭杰，黄小琴．就业导向下高校新闻传播学实践教学的思考［J］．江西科技师范学院学报，2009（1）．

用职业、应用和行业导向，创新卓越传媒经管人才培养模式

摘要：卓越传媒经管人才培养，需要基于社会发展和行业实践需要，找准站位，在完善实践教学基础与体系的基础上，通过职业导向人才培养目标的制定，应用导向教学体系的构建，以及行业导向培养方式的运用，开展人才培养模式的创新与实践。

关键词：卓越传媒经管人才；定位；实践教学体系与模式；导向

首都经济贸易大学广告学系、传播学系分别成立于1993年和2004年。以"大实验育人"理念培育学生在专业学习方面的自主、合作、探究、创新意识，广告系、传播系已经拥有雄厚的专业教学、实践基础，完善的师资力量，富有特色的实践教学体系，并与湖南广电集团、星美传媒集团、国家广告产业园区、北京电通广告公司、灵思营销集团和宣亚国际传播集团等企事业单位，建立了密切的合作关系，为社会培养了1 600多名媒体经营与管理、广告经营与管理本科人才。目前，在校本科生750名。在多年的人才培养实践中，形成了培养目标的职业导向、教学体系的应用导向，以及培养方式的行业导向三大特色，为培养卓越传媒、广告经管卓越人才奠定了坚实基础。其中，厘清人才培养的宏观、微观定位，建设专业实践平台与体系，找准人才培养着力的方向与特色，并创新广告、传媒经管人才的培养模式，保证了学校卓越广告、传媒经管专业人才培养的高质量。

一、找准人才培养定位

根据党的十八届三中全会《中共中央关于全面深化改革若干重大问题的决定》所提出的"建设社会主义文化强国，增强国家文化软实力"，以及"以激发全民族文化创造力为中心环节，进一步深化文化体制改革"的有关精神，结合新

闻与传播应用型本科人才的培养经验及特色，首都经济贸易大学广告系、传播系确定了培养卓越媒介经管人才的定位。

（一）与国家文化发展战略相顺应

培养媒介经管人才的定位应与国家“建设文化软实力，提升中国文化影响力、辐射力”的文化发展战略相顺应。信息时代的到来、文化产业的兴盛和中国新闻传播行业的飞速发展，使得中国社会对新闻传播专门人才的需要猛增。国家文化强国战略的提出，更将推进文化产业发展的工作放在了重中之重的位置，由此，文化产业核心层——新闻传播业亦进入了社会发展的快车道。

在加强新闻传播正确意识形态导向的同时，要建设文化软实力、促进新闻传播业的发展，需要的人才不仅应“懂新闻、懂传播”，也需要“会操作、会实践”。因此，培养应用型媒介经管人才需要与当前、未来的国家文化发展战略相吻合。

（二）与国家中长期高等教育改革和发展规划相适应

广告、传媒行业需要应用型人才，但由于中国固有高等教育体系的不完备，高校专业建设偏于培养“精英”“理论化”人才的意识长期存在，从而导致高校应用型新闻传播人才的培养严重不足。《国家中长期教育改革和发展规划纲要(2010—2020年)》提出，我国在未来10年将“重点扩大应用型、复合型、技能型人才培养规模。加快发展专业学位研究生教育”。这说明在国家、政府层面上已经认识到高等教育培养应用型人才的重要性。在新的社会发展环境面前，我校对于媒介经管人才的培养，必须与国家高等教育改革和发展的有关精神相适应。

（三）与学校办学宗旨和北京市经济社会发展转型相匹配

培养媒介经管人才的定位应与学校“立足北京、服务北京”的办学宗旨及北京经济社会发展转型相匹配。首都经济贸易大学主要是为首都的社会、经济、文化建设培养所需高级专门人才。当前，北京已向“科技、文化双轮驱动”的社会经济发展模式转型。我校有责任、有义务承担为北京培养其建设与发展中紧缺的应用型新闻传播专业人才的任务。由此，广告、传播学专业需要与学校“立足北京、服务北京”的办学宗旨，以及首都的社会建设和发展需要相一致，以最大可能发挥首都经济贸易大学的市属重点大学的作用。

二、基础、体系建设先行

首都经济贸易大学传播学、广告学现阶段本科生招生情况良好，生源稳定。两个主要专业每年招收本科生人数为153人，在校学生460余人。如何将本科生培养成应用型媒介经管人才？广告学、传播学专业是否具备卓越传播、广告经管人才培养的基础和体系是关键。

（一）建设完备的校内专业实践基础平台

应该说，我校培养应用型媒介经管人才的基础是雄厚的。自2005年至今，首都经济贸易大学投资4 000万元兴建了传媒实验教学中心，2010年传媒实验教学中心被评为北京市高等教育实践教学示范中心后，市教委与学校在对实验室建设方面持续投入，一方面保证了实验教学设施不断更新，一方面促进了规模化、集约化、人本化的实验教学环境的形成。这为媒介经管人才提升现代教育技术技能、有效使用现代化文化传播工具等提供了最基本的保障。

同时，由于传媒发展已经更大程度上体现为新媒体形式的向前推进，要弥补现行专业培养体系中新媒体专业能力培养方面的短缺，就需要学院主动创新，建设新的教学基础与平台。为支持学生基于网络环境开展媒介策划、组织、运营、管理，学院建设了新媒体平台“金驼网”，用于学生独立采编、发布信息。“金驼网”分为“新闻频道”“文化频道”“资讯频道”，学院每年投入建设专项经费3万元，并根据学生开展专业实践的实际需要，及时更新、提升网络软硬件配备。

传媒实验教学中心的建设，“金驼网”的新媒体平台的提供和运作，为将广告学、传播学两个专业的学生培养成为应用型传媒人才提供了基础性的坚实支持。

（二）构建完善的专业实践、实训、实习体系

在专业实践平台建设基础上，建设完善的软性环境与实践体系，同样是不可或缺的，它们结构为支持卓越人才培养的另一层面的基础。

为营造有利于学生实践能力培养与提升的氛围、环境，学院构建了院内、校内和校外三个层面的专业实践、实训、实习体系。

学院成立了融学生专业素质、技能和综合能力培养于一炉的9个训练营、工

作室、工作坊。其中，三个训练营为：书法训练营、绘画训练营和口语表达训练营；为培育广告、传播学学生的创意、沟通协调能力等，提供支持的两个工作室为：摄影摄像基础工作室和平面设计工作室，保证了课余时间对学生专业单项技能的辅导与培训；四个工作坊为：新闻工作坊、广告竞赛工作坊、创意管理工作坊、影视综合实践工作坊，为广告、传媒经管人才综合实践能力的培养，给予了充分的支持。

与学校党委宣传部的战略合作，使广告、传播学专业的学生获得了在校电视台、校报、校广播台，以及校网的实践机会。

学院正式签约16家合作稳定的校外人才培养基地，其中，宣亚国际传播集团2013年被评为首都经济贸易大学“校级校外人才培养基地”。广告学、传播学专业的学生在人才培养方案中规定的认知实习、专业实习和毕业实习时间，以团队的方式分赴各个实习基地开展行业实习，促进了学生所学专业理论与技能与业界的无缝对接，并在“用中学”中促进了学生更好地理解和应用专业理论，更直接地学习、掌握行业一线的专业实践技能和工作能力。

实践、实训、实习体系的完善，打破了高校学生从理论到实践，从课堂到课外，从学校到行业原本的“割据”状态，将专业实践内容与环节渗透到人才培养的全线、全程、全面中，实现了对学生专业能力的全覆盖培育。

（三）融应用能力培养于实践成果展示

广告、传媒经管人才的培养，需要关注其摄影、摄像、创意，团队组织、项目运营、管理等方面的能力。如何培养诸种能力？除了在课堂实践教学、课外实践培训等过程中逐步加以培养、训练以外，更需要找到新的培养模式，使学生综合实践能力得到整体性的提升。

将综合实践能力培养作为主要目标，学院设置了多项专业实践活动，在鼓励、促进学生积极参与中，完成对其专业综合实践能力的培育。每年5月，以品牌化、规模化、体系化呈现的文化与传播学院学生专业实践“金驼月”活动，是整合学院人力、物力、财力，贯彻和实施“融学生应用能力培养于实践成果展示”理念的体现。

“金驼月”每年三个单元十个项目的学生专业实践活动，体现了学院从几个层面对学生综合实践能力进行的复合式培养。

1. 活动层面

每年的活动除了成熟、定期开展的项目，如已经开展六届的“金驼杯”传媒实践技能综合展示活动以外，还会基于广告学、传播学学生实践的具体情况，举办一些新创项目。这些项目围绕专业实践能力培养的各个方向，由专业实践老师指导、带队，主要由学生提出创意，加以组织和实施。通过学生的自主学习、独立运作、自行解决遇到的问题，学生的专业综合能力得到培育。

2. 辅助层面

“金驼月”是由系列项目组成的学生专业活动。活动虽是系列，但不是散在、无序的，其中以时间和品牌做主要联系主线。另外，贯穿、活跃于各个项目运行过程中的摄影、摄像、新闻写作团队，则是不可缺少的辅助。通过贯彻始终的辅助团队的同时活动，使更多学生加入到学生实践能力的培育与训练中，从而保证更多学生进入能力培养的范围。

3. 现场层面

在广告、传媒专业能力培养中，演播厅现场展示活动是能体现对学生专业实践能力进行综合培养的一种实践教学类型。由学生担任总导演，学生总导组负责整个展示活动的策划、创意、计划、管理与运作；另有一批学生在前台展示前期实践成果，一批精于技术的学生在导播室负责现场导播，一批学生在照明、布景环节开展实践，一批学生现场摄影、摄像和采访，等等。通过不同群体的学生在不同实践环节的参与，多工种、多环节、多年级学生、多实践教学内容与形式的同时并举，使学生得到了“全真”的行业实践锻炼。

三、确立应用型人才培养导向

与培养“精英”型理论人才着力的角度、方向不同，卓越广告、传播经管人才的培养，需要采用新的教学方式、手段，在明晰自己的培养目标、理念的前提下，不断地加以创新、实践。

（一）培养目标的职业导向

培养应用型专业人才，需要加强人才培养与社会发展需求之间的符合度，注重理论与实践的结合，强化人才培养的职业岗位能力和职业素养要求。所以，在进行人才培养方案修订时，有关人才培养目标在知识、能力、素质三方面的设定，需要追踪社会需要、传媒产业发展的最新动态、趋势要求，及时加以调整并实施。

为此，2014版广告学、传播学人才培养方案中，在专业领域核心知识点和关键技能要求方面，增加并强调新媒体、融合新闻传播、整合营销等方面的内容。同时，让学生学习、掌握传媒最新技术，开展新媒体整体实践、运作，是新版课程体系所强调的部分。在如为培养应用型专业人才所特别开设的全实践课程“媒体运营实务”的课堂上，实践教学的内容与形式、程序与规则等，都按照当下真实的行业实践环境与标准加以设置，体现出学院进行专业人才培养时目标定位的职业导向。

（二）教学体系的应用导向

首都经济贸易大学2014版人才培养体系在完善基础课程群基础上，重点加强了综合性、创新性实践教学环节的设置。新的教学大纲鼓励教师运用如“环境拟真、业务模真、项目实战”的实践教学模式，利用集实训模拟、实验仿真、实战训练于一体的教学科研平台，推进学生自主学习、合作学习、研究性学习、实践性学习，以培养学生理论联系实际的能力。

另外，通过广告、传播学专业综合实践、创新实践课程的设置，通过对实习、实践的量化规定，新版人才培养方案打破了传统的学术型教育模式，更加注重学生专业理论素养与实践能力的并重培养。

在实践课程及实践、实训、实习的考核评价过程中，学院强调动态性、实践性、操作性，关注实践教学的过程考核，将作为项目、团队负责人的学生对团队成员的打分、反馈作为学生期中成绩组成部分，团队实践成果综合打分作为另一部分，教学体系所体现的应用导向成为鲜明的特色。

（三）培养方式的行业导向

“有用”是学校培养卓越广告、传媒经管人才的重要追求，“有效”则是为培养“有用”人才的相关工作准则。为了保证人才培养的质量和导向的正确，在卓越广告、传媒经营与管理人才培养方案的制定过程中，首都经济贸易大学特别聘请政府职能部门、国内知名高校、科研机构及合作企业的领导、专家，共同讨论、制定、确立方案，在教育教学的起点处，尽可能避免高校人才培养与行业需要“两张皮”状态的出现。

同时，在培养方式上，以职业岗位能力为核心，在教育教学中加强对学生认知能力、实践能力、理论联系实际能力、科研创新能力的综合培养，以职业素养培养为辅助，强化媒体和广告的策划创意、经营管理和应用能力的实训。在组织学生充分参与院、校、校外“三位一体”实践基地实训、实践、实习以外，考虑到广告、传媒专业建设、人才培养的特性，学院经常组织学生参加各种级别的专业竞赛。在老师的指导、带领下，2013 年，广告系学生获得了 CCTV 公益广告大赛三等奖；另一个学生团队获得了大学生广告大赛的视频类广告铜奖。

另外，在与传媒企业合作制定课程方案、开展实践教学的基础上，学校针对广告、传播卓越班，实行专职教师和业界导师的双导师制。专职教师主要负责学生的校内专业学习与能力培养的指导，负责学生校内专业学习问题的解答、专业书籍的推介、竞赛的辅导，以及专业成才等方面的引导；行业导师则负责学生行业素质和专业应用能力的养成和指导，负责学生实践、实习、就业与职业发展等方面问题的解答，并提供支持与帮助。从中体现出学院在广告、传媒经管人才培养方式上，正在实现与行业发展的同步、同行。

基于对卓越专业人才培养的规律探索、认知与实践，针对应用型传媒经管卓越人才培养的定位、教育教学方式等，首都经济贸易大学进行了有益探索和创新。既有的实践及经验，不过是抛砖引玉。为了正在不断变迁的社会发展，如何才能培养出符合社会所需的、高水平、高质量的复合型、应用型卓越人才？这个问题，才刚刚放在高等教育界面前。未来，只有大家共同努力，深入研究、积极实践，方能给出更好的答案。

参考文献：

［1］贡福海．高校有效实施卓越人才教育培养计划的三个向度［J］．华东师范大学学报，2013（S5）．

［2］苏中，曹荣敏，吴迎年．创建真实工程实践环境 培养创新实践卓越人才［J］．实验技术与管理，2013（4）．

［3］苏定清．应用型本科卓越人才培养的基本策略研究［J］．重庆电子工程职业学院学报，2013（3）．

附　录

我们收录了一组反映实践课教学活动的图片，这些图片从不同角度反映了实践课堂取得的成果。

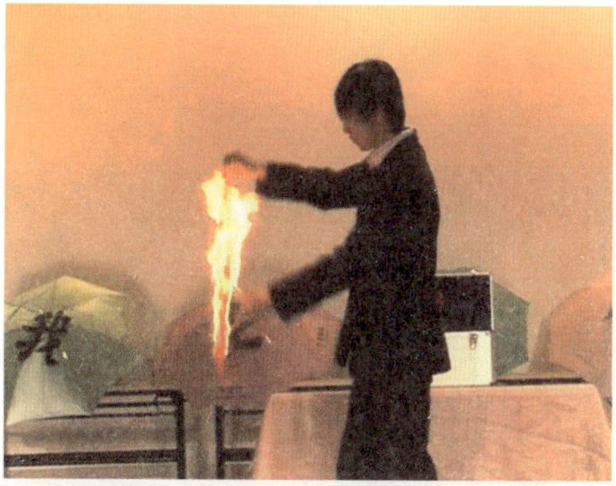

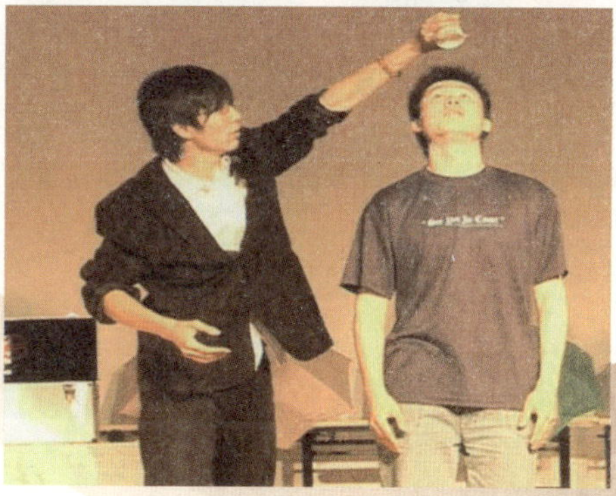

老土 咋不上豆丁？！

我们的庆典,感动的沉淀
——2009年7月1日毕业留念

第二届"金驼杯"传媒实践成果展示会
The Second Annual Golden Camel Cup
—— Gala for Media Study & Practice

第二届"金驼杯"传媒实践成果展示会
The Second Annual Golden Camel Cup
—— Gala for Media Study & Practice

第二届“金驼杯”传媒实践成果展示会
The Second Annual Golden Camel Cup
— Gala for Media Study & Practice

第二届“金驼杯”传媒实践成果展示会
The Second Annual Golden Camel Cup
— Gala for Media Study & Practice

第二届“金驼杯”传媒实践成果展示会
The Second Annual Golden Camel Cup
— Gala for Media Study & Practice

第二届“金驼杯”传媒实践成果展示会

第三届“金驼杯”传媒实践成果展示会
The Third Annual Golden Camel Cup — Gala for Media Study

第三届“金驼杯”传媒实践成果展示会
The Third Annual Golden Came
Gala for Media Study & Practice

第三届“金驼杯”传媒实践成果展示会
The Third Annual Golden Camel Cup — Gala for Media Study & Practice

第三届“金驼杯”传媒实践成果展示会
The Third Annual Golden Camel Cu — Gala for Media Study & Practice

第三届“金驼杯”传媒实践成果展示会
The Third Annual Golden Camel Cup — Gala for Media Study & Practice

第三届“金驼杯”传媒实践成果展示会
The Third Annual Golden Camel Cup — Gala for Media Study & Practice

第四届 金驼杯

传媒实践技能综合展

文化与传播学院
第四届 金驼杯 传媒实践技能综合展示

文化与传播学院
第四届 金驼杯 传媒实践技能综合展示

文化与传播学院
第四届 金驼杯 传媒实践技能综合展示

便宜坊
烤 鸭
赶鸭子上架

文化与传播学院金驼月系列活动
首届新生班级最佳集体评选大赛
息 不 强 自 子 学 一 传

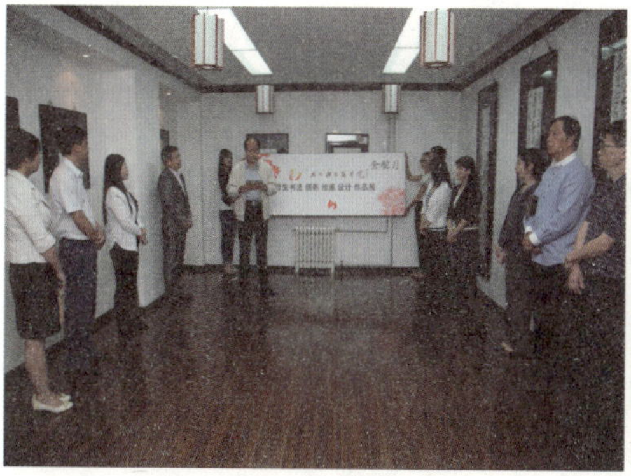

驼杯
实践技能综合
原来时光有

传播2班

驼杯
综合
光有
荣誉证书
传播2班

第五届

我的中国梦
——放飞中国梦，青春在行动

文化与传播学院
学生专业实践

文化与传播学院
学生专业实践
金驼月
活动
金驼月闭幕式

快克